成语科学连连看

科学常识卷

主　编：杨　凡

编　委：周　昕　李　想　杨　滔　窦炳香
许正华　杨明君　梁　婉　邱　莹
向凌松　曹家艳　杨　文　张　燕

哈爾濱工業大學出版社
HARBIN INSTITUTE OF TECHNOLOGY PRESS

图书在版编目(CIP)数据

成语·科学连连看.科学常识卷/杨凡主编. —哈尔滨:哈尔滨工业大学出版社,2015.10

ISBN 978-7-5603-5499-6

Ⅰ.①成… Ⅱ.①杨… Ⅲ.①汉语-成语-少儿读物②科学常识-少儿读物 Ⅳ.①H136.3-49②Z228.1

中国版本图书馆 CIP 数据核字(2015)第 158108 号

策划编辑 张凤涛
责任编辑 李广鑫
装帧设计 琥珀视觉 恒润设计
出版发行 哈尔滨工业大学出版社
社 址 哈尔滨市南岗区复华四道街 10 号 邮编 150006
传 真 0451-86414749
网 址 http://hitpress.hit.edu.cn
印 刷 哈尔滨市石桥印务有限公司
开 本 787mm×1092mm 1/16 印张 10.75 字数 140 千字
版 次 2015 年 10 月第 1 版 2015 年 10 月第 1 次印刷
书 号 ISBN 978-7-5603-5499-6
定 价 26.80 元

目录

杯弓蛇影

场景应用

dīng dīng hé dāng dāng yì qǐ kàn kǒng bù piān měi cì kàn dào guān jiàn chù dīng
丁丁和当当一起看恐怖片，每次看到关键处，丁
dīng zǒng shì dà shēng jiān jiào dāng dāng bǐ shì de qiāo le qiāo tā de nǎo dai shuō
丁总是大声尖叫。当当鄙视地敲了敲她的脑袋，说
dào wǒ kàn le dōu méi shì zhǐ yǒu nǐ xià chū yì shēn hàn zhēn shì bēi gōng shé
道：“我看了都没事，只有你吓出一身汗，真是杯弓蛇
yǐng nga
影啊！”

透视镜

bēi gōng shé yǐng de yì si shì jiāng yìng zài jiǔ bēi li de gōng yǐng wù rèn wéi
杯弓蛇影的意思是：将映在酒杯里的弓影误认为
shì shé tā yòng lái bǐ yù bǎ xū huàn dāng chéng zhēn shí yīn wèi yí shén yí guǐ ér
是蛇。它用来比喻把虚幻当成真实，因为疑神疑鬼而
yǐn lái kǒng jù
引来恐惧。

成语接龙

kàn kan liè chē shang yǒu jǐ gè chéng yǔ dú yi dú zài hé xiǎo huǒ bàn bǐ
看看列车上有几个成语？读一读，再和小伙伴比
yi bǐ kàn shéi jiē de duō
一比，看谁接得多？

成语故事

cóng qián yǒu gè jiào yuè guǎng de rén tā fā xiàn yí jiàn
从前，有个叫乐广的人，他发现一件
guài shì yí wèi jīng cháng lái zuò kè de hǎo péng you jū rán
怪事——一位经常来做客的好朋友居然
hěn cháng shí jiān méi
很长时间没
yǒu lòu miàn le
有露面了。

yuè guǎng shí fēn diàn niàn yú shì biàn dēng mén bài fǎng xiǎng tàn gè
乐广十分惦念，于是便登门拜访，想探个
jiū jìng
究竟。

ràng yuè guǎng dà chī yì jīng de shì péng you jū rán shēn huàn
让乐广大吃一惊的是，朋友居然身患
zhòng bìng liǎn sè là huáng de tǎng zài
重病，脸色蜡黄地躺在

床上。乐广忙问他得了什么病，朋友却支支吾吾不肯说。再三追问下，他终于吞吞吐吐地说出了得病的缘由：“那天，我在你家喝酒时，发现杯子里有条小蛇在游动。我心里十分害怕，但是你再三劝酒，我盛情难却，只好勉强喝下去了。可回家后，我就觉得十分不舒服，觉得肚子里好像有条蛇在搅动似的，于是就一直病到现在。”

乐广听了十分疑惑，酒杯里怎么会有小蛇呢？回到家后，他在厅堂里来回踱步，突然发现墙上挂着一张弓，弓上雕着蛇皮的花纹，弓身用油漆绘成了一条蛇的形状。乐广恍然大悟，马上用轿子把朋友接到家中来，请他仍旧坐在上次的位置上，仍旧用上次的酒杯为他斟满了一杯酒。

这时，乐广问：“您再看看，酒杯中有什么东西？”

只见朋友低头一看，马上惊叫起来：“蛇！一条小蛇在游动！”

zhè shí yuè guǎng xiào zhe zhǐ xiàng qiáng bì shang de diāo gōng zài zhǐ zhi
这时，乐广笑着指向墙壁上的雕弓，再指指
bēi zhōng de shé yǐng tàn dào nǐ zhè shì bēi gōng shé yǐng nga quán shì zì
杯中的蛇影，叹道：“你这是杯弓蛇影啊！全是自
jǐ xià zì jǐ
己吓自己！”

péng you míng bái le zhēn xiàng hòu dùn shí jué de hún shēn qīng sōng bìng
朋友明白了真相后，顿时觉得浑身轻松，病
lì kè jiù hǎo le
立刻就好了。

科学连连看

gù shi zhōng de bēi gōng shé yǐng qí shí fǎn yìng de shì yì zhǒng guāng
故事中的杯弓蛇影，其实反映的是一种光
xué xiàn xiàng
学现象。

yuè guǎng de tīng táng li guà zhe yì zhāng gōng ér péng you jiǔ bēi zhōng
乐广的厅堂里挂着一张弓，而朋友酒杯中
de jiǔ jiù xiàng yí miàn jìng zi bǎ gōng de yǐng xiàng dào yìng zài jiǔ zhōng bēi
的酒就像一面镜子，把弓的影像倒映在酒中。杯
zhōng de xiǎo shé zhī suǒ yǐ huì yóu dòng wán quán shì yīn wèi jiǔ bēi zhōng de
中的“小蛇”之所以会游动，完全是因为酒杯中的
jiǔ qīng qīng bō dòng suí zhī zào chéng gōng de dào yǐng gēn zhe yì qǐ bō dòng
酒轻轻波动，随之造成弓的倒影跟着一起波动，
zhè yàng yì lái kàn shang qu jiù xiàng zài jiǔ bēi dǐ yǒu yì tiáo yóu dòng de xiǎo
这样一来，看上去就像在酒杯底有一条游动的小
shé yí yàng
蛇一样。

zhè hé wǒ men píng shí zhào jìng zi hái yǒu kàn dào shuǐ zhōng de dào yǐng
这和我们平时照镜子，还有看到水中的倒影

是一个原理，都是光的反射造成的。在古代，镜子还没出现的时候，人们一直用静止的水面作为光的反射面，当作镜子使用。直到明清时代，一些买不起镜子的穷苦人家仍然还在使用“水镜”。

可是，水中的影像虽然看得见，但却摸不着，是一种虚像，根本不足为惧，所以乐广的朋友完全是疑神疑鬼、自己吓自己。

班门弄斧

场景应用

xué xiào li jǔ bàn zuò wén jìng sài dīng dīng yāo qǐng dāng dāng hé zì jǐ yì qǐ
学校里举办作文竞赛。丁丁邀请当当和自己一起
cān sài dāng dāng bǎi bai shǒu shuō nǐ de zuò wén xiě de nà me hǎo wǒ shí
参赛，当当摆摆手，说：“你的作文写得那么好，我实
zài bù gǎn bān mén nòng fǔ wa
在不敢班门弄斧哇！”

透视镜

bān lǔ bān wǒ guó chūn qiū shí qī lǔ guó rén mù jiàng de bí zǔ
班：鲁班，我国春秋时期鲁国人，木匠的鼻祖。

bān mén nòng fǔ de yì si shì zài lǔ bān mén qián wǔ nòng fǔ zi bǐ yù
班门弄斧的意思是：在鲁班门前舞弄斧子。比喻
zài háng jiā miàn qián mài nòng běn lǐng xiàn jīn yě cháng yǐn shēn wéi nòng fǔ bì xū
在行家面前卖弄本领。现今，也常引申为“弄斧必须
dào bān mén yòng lái gǔ lì rén men dà dǎn biǎo xiàn zì wǒ gǎn yú xiǎn lù zì jǐ
到班门”，用来鼓励人们大胆表现自我，敢于显露自己
de běn lǐng tiǎo zhàn quán wēi
的本领，挑战权威。

成语接龙

kàn kan liè chē shang yǒu jǐ gè chéng yǔ dú yi dú zài hé xiǎo huǒ bàn bǐ
看看列车上有几个成语？读一读，再和小伙伴比
yi bǐ kàn shéi jiē de duō
一比，看谁接得多？

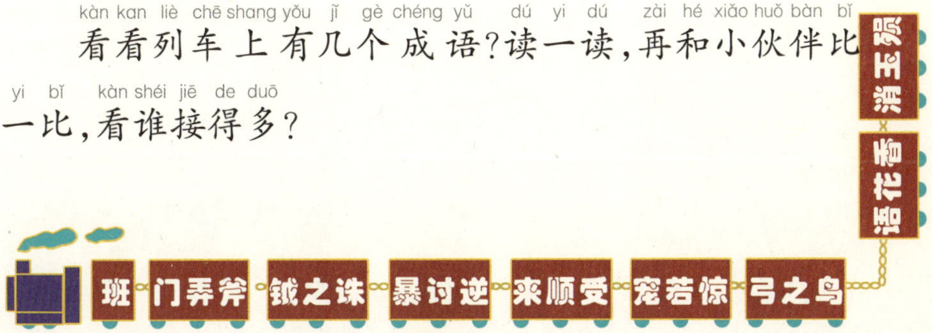

成语故事

táng cháo yǒu yí wèi míng chuí qiān gǔ de dà shī rén míng jiào lǐ bái tā
唐朝有一位名垂千古的大诗人，名叫李白，他
zuì dà de ài hào jiù shì hē jiǔ yín shī wǎn nián de shí hou
最大的爱好就是喝酒吟诗。晚年的时候，
lǐ bái guò de hěn bù rú yì yǒu yì tiān tā chéng chuán yóu
李白过得很不如意。有一天，他乘船游
lǎn cǎi shí jiāng kàn dào yuán yuán de yuè
览采石江，看到圆圆的月
liang dào yìng zài jiāng shuǐ zhōng dùn shí jué
亮倒映在江水中，顿时觉
de gū dú wàn fēn yú shì tā jǔ qǐ jiǔ
得孤独万分。于是，他举起酒

bēi yì bēi jiē yì bēi de hē jiǔ bù yí huìr jiù hē de zuì xūn xūn
杯，一杯接一杯地喝酒，不一会儿，就喝得醉醺醺

de zhè shí lǐ bái cóng chuán shang tàn chū shēn zi yào qù yāo
的。这时，李白从船上探出身子，要去邀

qǐng jiāng zhōng de míng yuè hé zì jǐ yì qǐ
请江中的明月和自己一起

hē jiǔ méi xiǎng dào
喝酒，没想到，

jìng shùn shì diào jìn le
竟顺势掉进了

jiāng zhōng
江中。

lǐ bái sǐ hòu rén men fēn fēn wèi
李白死后，人们纷纷为

他叹息。从此，采石江边就有了许多名胜古迹，其中最著名的，就是李白墓。

有一次，明代诗人梅之焕来到这里凭吊。他发现墓的周围竟写满了密密麻麻的诗，那些蹩脚的诗歌既不对称，也不押韵，还写得驴唇不对马嘴。

梅之焕看了非常生气，于是，挥笔写下了一首诗："采石江边一堆土，李白之名高千古。来来往往一首诗，鲁班门前弄大斧。"

意思是：这些不会作诗的人，竟厚着脸皮跑到大诗人李白的墓前卖弄，简直就像到木匠的祖师爷鲁班门前摆弄大斧一样，真是太自不量力了！

科学连连看

斧头的历史，可以追溯到几十万年前。在旧石器时代，人们就利用石斧来砍东西和捕猎，把它作为不可或缺的劳动工具。

后来的斧头，一般由一根木棍把手连着一块梯形的刀片构成，它利用物理中的杠杆原理，来节约人的力量，让劳动变得更有效率。所谓杠杆原理，指的就是利用支点，用一个很小的力，来举起很重的东西。

斧头的用法很多，既可以用来砍伐树木，也可以用作木工工具，专门砍削一些粗大的部件。在木匠行业中，斧头的地位至关重要，木匠们需要利用斧头，对木头进行各种加工，然后才能制作出各种精美的家具和工艺品。

木匠的祖师爷鲁班，就十分擅长利用斧头。不仅如此，他还发明了木工师傅们用的许多手工工具，例如钻、刨子、铲子、曲尺，画线用的墨斗等。所以，在鲁班门前卖弄自己使用大斧的技巧，实在是非常可笑。

刻舟求剑

场景应用

dīngdīng de tóngzhuō yú háng hěn xǐ huan zuò shù xué tí kě shì duì shù xué kè běn
丁丁的同桌于航很喜欢做数学题，可是，对数学课本
shang de zhī shi què yì zhī bàn jiě měi huí kǎo shì de shí hou yú háng zǒng shì bù jí gé
上的知识却一知半解。每回考试的时候，于航总是不及格。

dīng dīng cháo xiào tā shuō guāng zuò shù xué tí yǒu shén me yòng nà xiē jiě
丁丁嘲笑他说：“光做数学题有什么用？那些解
tí fāng fǎ zhǐ yào chū tí de fāng shì yí biàn jiù méi yǒu yòng le nǐ zhè yàng xué
题方法，只要出题的方式一变，就没有用了！你这样学
xí zhēn shì kè zhōu qiú jiàn
习，真是刻舟求剑！”

透视镜

zhōu chuán
舟：船。

kè zhōu qiú jiàn de yì si shì kè gè jì hào biàn yú dǎ lāo bǎo jiàn bǐ
刻舟求剑的意思是：刻个记号便于打捞宝剑。比
yù jū nì gù zhi bù zhī gēn jù biàn huà le de kè guān qíng kuàng chǔ lǐ shì qing
喻拘泥固执，不知根据变化了的客观情况处理事情；
shì wù yǐ fā shēng biàn huà ér réng jìng zhǐ de kàn dài wèn tí
事物已发生变化而仍静止地看待问题。

成语接龙

kàn kan liè chē shang yǒu jǐ gè chéng yǔ dú yi dú zài hé xiǎo huǒ bàn bǐ
看看列车上有几个成语？读一读，再和小伙伴比
yi bǐ kàn shéi jiē de duō
一比，看谁接得多？

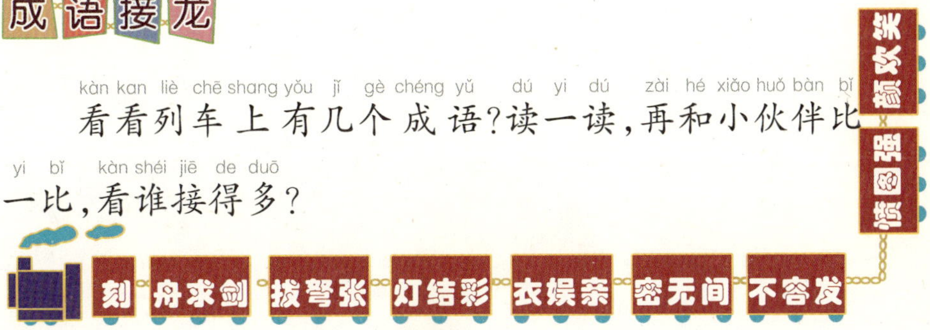

zài zhàn guó de shí hou chǔ guó yǒu yí gè shāng rén zuò zhe chuán guò
在战国的时候，楚国有一个商人坐着船过
jiāng chuán xíng zǒu dào jiāng xīn de shí hou shāng rén yí bù xiǎo xīn bǎ guà zài
江。船行走到江心的时候，商人一不小心，把挂在
shēn shang de bǎo jiàn diào jìn le jiāng li tā gǎn jǐn shēn shǒu qù zhuā kě shì
身上的宝剑掉进了江里。他赶紧伸手去抓，可是
yǐ jīng lái bù jí le
已经来不及了。

chuán shang de rén kàn dào hòu yì lùn fēn fēn yǒu de yāo he zhe ràng
船上的人看到后，议论纷纷。有的吆喝着让
chuán jiā tíng chuán yǒu de jiàn yì shāng rén tiào jìn shuǐ li lāo jiàn hái yǒu de
船家停船，有的建议商人跳进水里捞剑，还有的
rè liè de tǎo lùn qǐ lāo jiàn de fāng fǎ
热烈地讨论起捞剑的方法……

kě shāng rén zì jǐ què yì diǎnr yě bù
可商人自己却一点儿也不
zháo jí tā bù huāng bù máng de tāo chū yì bǎ xiǎo
着急，他不慌不忙地掏出一把小
dāo zài chuán xián shang kè le yí gè jì
刀，在船舷上刻了一个记

hào shuō wǒ de jiàn jiù shì cóng zhè lǐ
号，说：“我的剑就是从这里
diào rù shuǐ zhōng de
掉入水中的。”

páng biān yǒu rén quàn dào nǐ hái shì
旁边有人劝道：“你还是
gǎn jǐn lāo ba zài chuán xián shang kè jì hào
赶紧捞吧！在船舷上刻记号
néng yǒu shén me yòng nga
能有什么用啊？”

shāng rén zhǐ le zhǐ jì hào shuō bú
商人指了指记号，说：“不
yòng jí wǒ de bǎo jiàn shì cóng zher diào
用急，我的宝剑是从这儿掉
xia qu de děng chuán kào le àn wǒ
下去的，等船靠了岸，我
jiù shùn zhe zhè ge jì hào tiào xia qu
就顺着这个记号跳下去，
yí dìng néng bǎ bǎo jiàn lāo shang lai
一定能把宝剑捞上来！”

dà jiā tīng le quán dōu hā hā
大家听了，全都哈哈
dà xiào qi lai shuō chuán yì zhí
大笑起来，说：“船一直

在往前行驶，可你的宝剑却沉到江心不动了，就算记号刻得再准，你在江边也找不到自己的剑哪！”

科学连连看

“刻舟求剑”的故事人人皆知，楚人想通过“刻舟”而求得剑，是因为他这么想：掉剑之前，剑和船一起向前运动；所以掉剑之后，剑也应当和船一起向前运动，保持相对静止状态，因此，通过做记号，就能够找到剑。

可事实却正好相反。剑掉入水中以后，剑并不会随着船一起运动。此时，以江岸为参照物，剑是静止的，而船却是运动的，所以，剑不会仍然停留在记号的下方，楚人是不可能找到剑的。

楚人之所以犯错，是因为不懂得运动和静止的相对性，选错了参照物。

磨杵成针

场景应用

mā ma wèn dīng dīng wèi shén me bú zuò shǒu gōng le ya dīng dīng shuō
妈妈问丁丁："为什么不做手工了呀？"丁丁说：
zuò le zhè me jiǔ hái shì méi yǒu bié rén zuò de piàoliang wǒ bù xiǎng zuò le
"做了这么久，还是没有别人做得漂亮，我不想做了！"

mā ma mō mo dīng dīng de tóu zuò rèn hé shì dōu yào yǒu mó chǔ chéng zhēn
妈妈摸摸丁丁的头："做任何事都要有磨杵成针
de yì lì bú yào zǒng xiǎng zhe yí bù dēng tiān
的毅力，不要总想着一步登天！"

透视镜

chǔ yì tóu cū yì tóu xì de yuán bàng
杵：一头粗一头细的圆棒。

tiě chǔ tiě bàng
铁杵：铁棒。

mó chǔ chéng zhēn de yì si shì bǎ tiě bàng mó chéng le zhēn bǐ yù zuò
磨杵成针的意思是：把铁棒磨成了针。比喻做
rèn hé jiān nán de gōng zuò zhǐ yào yǒu yì lì xià kǔ gōng jiù néng gòu kè fú kùn
任何艰难的工作，只要有毅力，下苦功，就能够克服困
nan zuò chū chéng jì
难，做出成绩。

成语接龙

kàn kan liè chē shang yǒu jǐ gè chéng yǔ dú yi dú zài hé xiǎo huǒ bàn bǐ
看看列车上有几个成语？读一读，再和小伙伴比
yi bǐ kàn shéi jiē de duō
一比，看谁接得多？

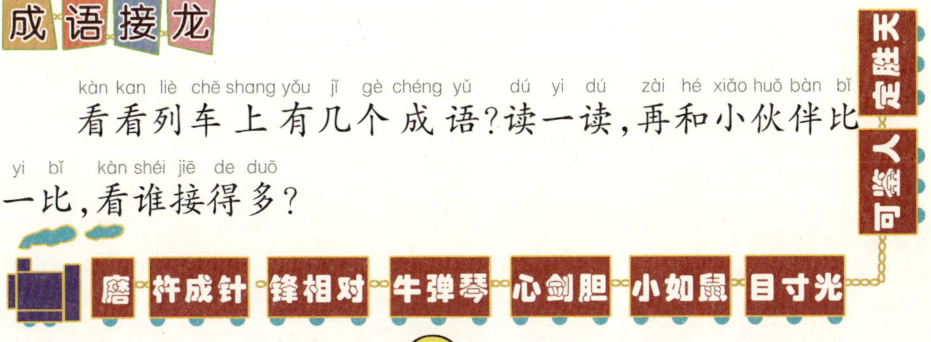

成语故事

lǐ bái xiǎo shí hou shì gè fēi cháng cōng míng de hái zi
李白小时候是个非常聪明的孩子，
dàn què shí fēn tān wán tā dú shū de shí hou zǒng shì sān
但却十分贪玩。他读书的时候总是三
xīn èr yì jīng cháng dú le yì huìr
心二意，经常读了一会儿，
jiù diū xià shū běn pǎo dào wài miàn xián guàng
就丢下书本，跑到外面闲逛
qù le
去了。

yǒu yì tiān lǐ bái zài jiào shì li shí
有一天，李白在教室里实
zài zuò bú zhù le jiù yòu tōu tōu
在坐不住了，就又偷偷
pǎo dào yě wài qù wán
跑到野外去玩。

tā lái dào yì tiáo xiǎo hé biān kàn jiàn yí wèi bái fà cāng cāng de lǎo nǎi nai
他来到一条小河边，看见一位白发苍苍的老奶奶
zhèng zuò zài nà lǐ ná zhe yì gēn dà tiě bàng zài shí tou
正坐在那里，拿着一根大铁棒在石头
shang mó lái mó qù lǐ bái jué de fēi cháng xīn xiān biàn zǒu
上磨来磨去。李白觉得非常新鲜，便走
shàng qián wèn dào lǎo nǎi nai nín zhè
上前问道："老奶奶，您这
shì zài gàn shén me ya
是在干什么呀？"

lǎo nǎi nai tái qǐ tóu huí dá shuō wǒ
老奶奶抬起头，回答说："我
zhèng zài gěi nǚ ér mó yì gēn xiù huā zhēn na
正在给女儿磨一根绣花针哪！"

lǐ bái kàn le kàn cū cū de tiě bàng yòu xiǎng le xiǎng xì xì de xiù
李白看了看粗粗的铁棒，又想了想细细的绣
huā zhēn jīng yà de hé bù lǒng zuǐ tā shuō zhè me cū de tiě bàng
花针，惊讶得合不拢嘴。他说："这么粗的铁棒，

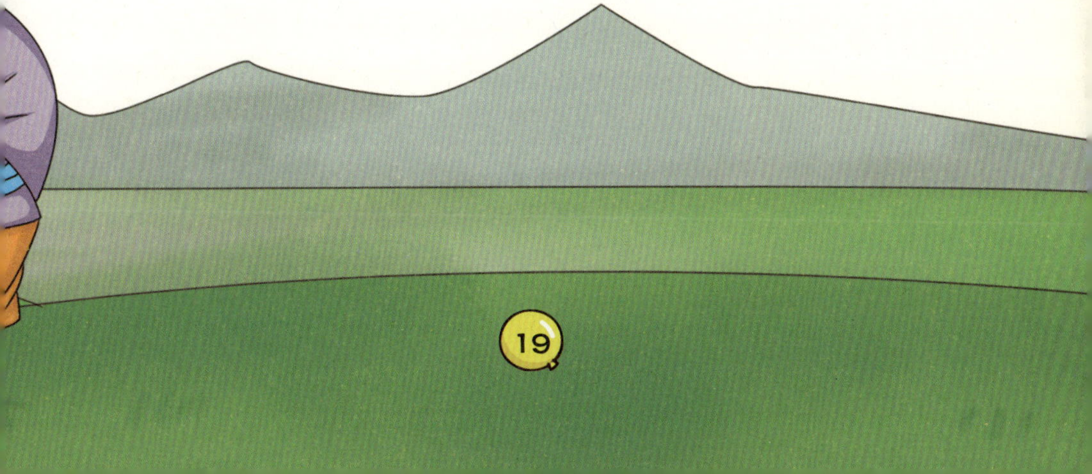

要磨成那么细的绣花针，得花多少时间哪？”

老奶奶笑了笑，说：“只要功夫深，铁棒也能磨成针哪！”

李白听了，受到了很大的震动。他看了看老奶奶满头的白发和长满老茧的双手，心里惭愧极了，于是深深地鞠了一躬，默默地离开了。

从此，李白发愤读书，只要想偷懒时，就会想起老奶奶坚持不懈的精神。长大后，他终于成为一名伟大的诗人。

科学连连看

老婆婆经过长年累月的努力，确实可以把铁杵磨成绣花针。这主要是依靠了摩擦力的作用。摩擦力是一种阻碍物体相对运动（或相对运动趋势）的力，它的方向与物体相对运动（或相对运动趋势）的方向相反。

摩擦力分为静摩擦力、滚动摩擦力和滑动摩擦力三种。磨杵成针产生的主要是滑动摩擦力，它是一个物体在另一个物体表面发生滑动时产生的，这个力的大小与接触面的粗糙程度以及压力大小有关。压力越大，物体接触面越粗糙，产生的滑动摩擦力就越大。

所以，老奶奶选择在石头上磨铁杵，是因为石头非常粗糙，摩擦力大的缘故。于是，经过长期的互相摩擦，粗糙的石头就会给铁杵造成磨损，让它最终变成细细的绣花针。

除了磨杵成针以

外，在生活中，还有许多事情都离不开摩擦力，例如，汽车的刹车，把鞋带系紧，用钉子固定物体，等等。

破釜沉舟

场景应用

dāngdāng de bà ba wèi le jīng shāng cóng dài yù wěn dìng de guó yǒu qǐ yè
当当的爸爸为了经商，从待遇稳定的国有企业
cí zhí le
辞职了。

dāngdāng bù jiě de wèn bà ba nǐ wèi shén me bú bàn lǐ tíng xīn liú zhí
当当不解地问：“爸爸，你为什么不办理停薪留职
ne zhè yàngwàn yī zuò shēng yi bù chéng gōng hái néng huí lái jì xù shàngbān na
呢？这样万一做生意不成功，还能回来继续上班哪！”

bà ba yáo yao tóu xiào zhe shuō wǒ zhè shì bù liú tuì lù pò fǔ chénzhōu
爸爸摇摇头，笑着说：“我这是不留退路，破釜沉舟，
zhǐ yǒu zhè yàng cái néngquán lì yǐ fù de qù zuò zì jǐ xiǎngzuò de shì ya
只有这样，才能全力以赴地去做自己想做的事呀！”

透视镜

fǔ zhǔ fàn yòng de yì zhǒng guō zhōu chuán
釜：煮饭用的一种锅。舟：船。

pò fǔ chénzhōu de yì si shì dǎ pò fàn guō záo chén dù chuán bǐ yù
破釜沉舟的意思是：打破饭锅，凿沉渡船。比喻
jué yì sǐ zhàn huò zhě xià jué xīn bú gù yí qiè de gàn dào dǐ
决一死战，或者下决心不顾一切地干到底。

成语接龙

kàn kan liè chē shang yǒu jǐ gè chéng yǔ dú yi dú zài hé xiǎo huǒ bàn bǐ
看看列车上有几个成语？读一读，再和小伙伴比
yi bǐ kàn shéi jiē de duō
一比，看谁接得多？

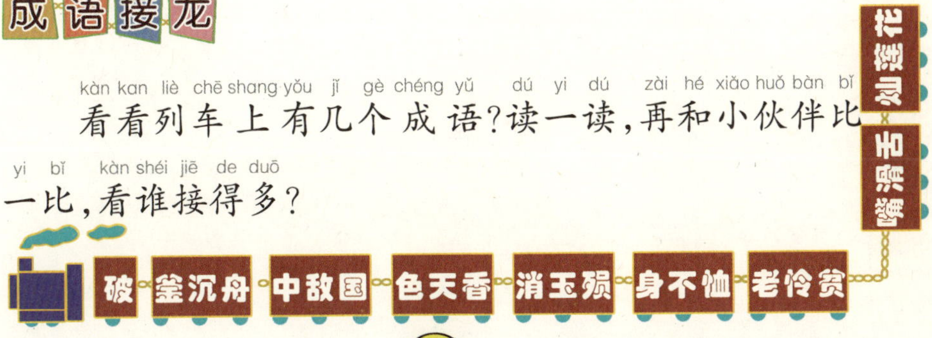

成语故事

qín cháo mò nián yóu yú
秦朝末年，由于
tǒng zhì zhě shí fēn hūn yōng wú
统治者十分昏庸无
néng gè dì de nóng mín fēn fēn
能，各地的农民纷纷
qǐ lái fǎn kàng lì bá shān qì
起来反抗。力拔山气
gài shì de chǔ bà wáng
盖世的楚霸王
xiàng yǔ jiù shì dāng
项羽，就是当
shí de luàn shì yīng
时的乱世英

xióng
雄。

dāng shí xiàng yǔ zài jiāng dōng qǐ bīng lì chǔ huái wáng de
当时，项羽在江东起兵，立楚怀王的
sūn zi wéi dì jiàn lì le chǔ guó zhào wáng de sūn zi zài hé
孙子为帝，建立了楚国；赵王的孙子在河
běi chēng dì jiàn lì le zhào guó qín wáng kàn dào zhè zhǒng jú
北称帝，建立了赵国。秦王看到这种局
miàn biàn pài le sān shí wàn dà jūn qián wǎng hé běi qù gōng
面，便派了三十万大军前往河北，去攻
dǎ zhào guó zhào guó de jūn duì tuì shǒu jù lù bèi qín
打赵国。赵国的军队退守巨鹿，被秦
jūn tuán tuán wéi zhù qíng kuàng shí fēn wēi jí tā
军团团围住，情况十分危急。他
men yì biān jiān shǒu yì biān xiàng nán fāng de chǔ guó
们一边坚守，一边向南方的楚国
qiú jiù
求救。

楚怀王派宋义为上将军，项羽为副将前去救援。可是，军队到达黄河南岸后，宋义因为惧怕强大的秦军，居然停留了一个半月，一直按兵不动。这时，副将项羽对宋义的做法十分不满，一怒之下杀了宋义，自己带领大军渡过黄河，去援救赵军。

当所有的士兵渡过黄河之后，项羽命令他们凿沉渡河的船只，砸破烧饭的大锅，还烧掉了营房，并且每人身上只带三天的干粮。

这时，项羽大喊道：“咱们这次打仗，已经没有退路了，所以三天之内必须把秦军打退！”

项羽的决心和勇气，大大地鼓舞了将士们。他们个个视死如归、奋勇杀敌，经过九次激烈的战斗，终于打败秦军，获得了胜利。

科学连连看

为什么项羽命令士兵们把船凿破，船就会下沉呢？

原来，这是由于浮力的作用。我们可以做一个小实验，准备一盆水，把一个纸团丢进水里，它很快就沉到底了；可是，如果把同样的纸折成纸盘放到水里，它却可以浮在水面上。

因为，纸团和纸盘虽然质量相同，但是，纸盘排开水的体积比纸团排开水的体积大，所以，纸盘受到的浮力比纸团受到的浮力大，于是，它就可以浮在水面上，而纸团却沉到水底。同样的道理，船虽然很重，但它是中空的，能够排开很多水来增加浮力，这时，船所受的

浮力大于自身的重力，所以，船可以浮在水面上。

不过，保证船能浮起来的前提是——船的外壳一定要密封好，不能漏水。否则，一旦把船凿破，大量的水进入到船里，这时，船的重力就会大于船所受的浮力，于是，船就慢慢下沉了。

山鸡舞镜

场景应用

dīngdīng de tóngzhuō yú háng shí fēn xǐ huan chàng gē měi huí zài kè jiān tā
丁丁的同桌于航十分喜欢唱歌，每回在课间，他
zǒng rěn bú zhù gāo gē jǐ qǔ hái jīng cháng zì míng dé yì de xiàng dīngdīng xuàn yào
总忍不住高歌几曲，还经常自鸣得意地向丁丁炫耀：
zěn me yàng wǒ de gē hóu hái bú cuò ba
“怎么样？我的歌喉还不错吧？”

dīngdīng tóu yě bù tái de dá dào jiǎn zhí shì shān jī wǔ jìng
丁丁头也不抬地答道：“简直是山鸡舞镜！”

透视镜

shān jī wǔ jìng de yì si shì shān jī duì zhe jìng zi tiào wǔ cháng yòng lái
山鸡舞镜的意思是：山鸡对着镜子跳舞。常用来
bǐ yù zì wǒ xīn shǎng
比喻自我欣赏。

成语接龙

kàn kan liè chē shang yǒu jǐ gè chéng yǔ dú yi dú zài hé xiǎo huǒ bàn bǐ
看看列车上有几个成语？读一读，再和小伙伴比
yi bǐ kàn shéi jiē de duō
一比，看谁接得多？

成语故事

sān guó shí cáo cāo yǒu gè xiǎo ér zi jiào cáo chōng tā cóng
三国时，曹操有个小儿子，叫曹冲。他从
xiǎo cōng míng guò rén hěn shòu cáo cāo xǐ ài
小聪明过人，很受曹操喜爱。

yǒu yì nián nán fāng de xiǎo guó gěi cáo
有一年，南方的小国给曹
cāo xiàn le yì zhī měi lì de shān jī shǐ zhě
操献了一只美丽的山鸡，使者
gōng jìng de shuō dào zhè zhī shān jī bú dàn
恭敬地说道：“这只山鸡不但
měi lì ér qiě shàn cháng tiào wǔ nà yōu měi
美丽，而且擅长跳舞，那优美
de wǔ zī zhēn shì rén jiàn rén ài
的舞姿，真是人见人爱！”

kě shì shān jī zài diàn táng shang zǒu lái
可是，山鸡在殿堂上走来
zǒu qù jiù shì bù kěn qǐ
走去，就是不肯起
wǔ shǐ zhě ná tā yì
舞，使者拿它一
diǎnr bàn fǎ yě méi
点儿办法也没

yǒu
有。

cáo cāo zhòu zhe méi tóu wèn xià miàn de rén shéi néng xiǎng chū
曹操皱着眉头，问下面的人：“谁能想出

hǎo bàn fǎ ràng zhè zhī shān jī míng jiào qǐ wǔ ne
好办法，让这只山鸡鸣叫起舞呢？”

dà jiā nǐ kàn kan wǒ wǒ kàn kan nǐ quán dōu shù shǒu wú cè
大家你看看我，我看看你，全都束手无策。

zhè shí cáo chōng shuō dào fù wáng ràng wǒ lái shì yí shì ba
这时，曹冲说道：“父王，让我来试一试吧！”

shuō wán tā mìng rén ná lái yí miàn dà dà de tóng jìng fàng zài shān
说完，他命人拿来一面大大的铜镜，放在山

jī miàn qián shān jī yí jiàn dào jìng zi mǎ shàng xīng fèn qi
鸡面前。山鸡一见到镜子，马上兴奋起

lai tā kàn dào jìng zhōng de zì jǐ nà měi lì
来，它看到镜中的自己那美丽

de xíng tài fǎng fú zhì shēn yú píng jìng de
的形态，仿佛置身于平静的

hú miàn yú shì lián lián huān
湖面，于是连连欢

叫，翩翩起舞。曹操欣赏着山鸡的舞姿，高兴得哈哈大笑。

原来，曹冲知道山鸡的习性。山鸡特别喜爱自己那艳丽的羽毛，每回在湖边饮水时，它看到水中那美丽的倒影，都会情不自禁地展翅起舞。

科学连连看

镜子，是一种表面光滑，并且具有反射光线能力的物品。故事中山鸡跳舞时所照的铜镜，是平面镜，也是古代最常见的镜子。

在中国古代，人们把青铜研磨抛光，就制成了镜子。在镜面上，光线会遵守反射定律，经光滑的镜面反射，然后再进入人的眼睛，在视网膜中形成视觉。这时，眼睛就顺着光线的反向延长线，看到了平面镜中的像。

千里之堤，毁于蚁穴

场景应用

当当最近总是赖床，爸爸知道后，责备当当：“你要知道，千里之堤，毁于蚁穴呀！现在放任赖床的毛病，以后就会越来越懒惰，不管干什么都拖拖拉拉，做不成事情！”

透视镜

毁：摧毁。蚁穴：蚂蚁的洞穴。

千里之堤，毁于蚁穴的意思是：很长的堤坝，因为小小蚁虫的啃噬，最后也会被摧毁的。

比喻小事不注意，就会造成大乱子。启发我们不要让小错积累起来，最后酿成大错。

成语接龙

看看列车上有几个成语？读一读，再和小伙伴比一比，看谁接得多？

千 — 里之堤，毁于蚁穴 — 居野处 — 心积虑 — 周藻密 — 密层层

zhàn guó shí qī huáng hé zhōng xià yóu jīng cháng fā hóng shuǐ yǒu yí gè
战国时期，黄河中下游经常发洪水。有一个
jiào bái guī de rén tā hěn shàn cháng zhù zào dī bà yú shì jīng
叫白圭的人，他很擅长筑造堤坝，于是经
cháng lái wǎng yú gè gè guó jiā zhī jiān wèi
常来往于各个国家之间，为
zhū hóu zhì lǐ hóng shuǐ
诸侯治理洪水。

yǒu yí cì wèi wén hóu qǐng bái guī zhǔ
有一次，魏文侯请白圭主
guǎn zhì shuǐ gōng chéng tā shuài lǐng xǔ duō mín gōng
管治水工程，他率领许多民工，
kāi záo le yì xiē shuǐ qú yí dàn hé shuǐ měng zhǎng
开凿了一些水渠，一旦河水猛涨，
shuǐ jiù bèi yǐn rù shuǐ qú chú le shū dǎo zhī wài bái
水就被引入水渠。除了疏导之外，白
guī hái jīng cháng qù gè gè dì fāng jiǎn chá dī bà yí dàn fā
圭还经常去各个地方检查堤坝，一旦发
xiàn yǒu le lòu dòng huò liè fèng jiù gǎn jǐn jiā gù
现有了漏洞或裂缝，就赶紧加固。
tā cháng duì xià miàn de
他常对下面的

rén shuō qiān lǐ zhī dī huǐ yú yǐ xué nǎ pà shì yí gè hěn xiǎo de
人说：“千里之堤，毁于蚁穴。哪怕是一个很小的
dòng rú guǒ bù jí shí dǔ shàng yě huì zào chéng jù dà de zāi nàn na
洞，如果不及时堵上，也会造成巨大的灾难哪！”

zài bái guī de xī xīn zhì lǐ xià wèi guó hěn jiǔ dōu méi yǒu fā guò
在白圭的悉心治理下，魏国很久都没有发过
hóng shuǐ
洪水。

hòu lái bái guī lí kāi le wèi guó dào zhōng shān guó qù dāng jiāng jūn
后来，白圭离开了魏国，到中山国去当将军，
kě shì zài yǔ zhào guó de zhàn dòu zhōng yóu yú shí lì xiāng chà jù dà bái
可是，在与赵国的战斗中，由于实力相差巨大，白
guī shī bài le zhōng shān guó jūn yào bǎ bái guī zhuā qi lai zhì tā de zuì
圭失败了。中山国君要把白圭抓起来，治他的罪。

wèi wáng zhī dào zhè jiàn shì qing hòu gǎn jǐn pài chū yì zhī jūn
魏王知道这件事情后，赶紧派出一支军
duì bāng zhù bái guī dǎ le shèng
队，帮助白圭打了胜
zhàng shǐ tā miǎn qù le
仗，使他免去了

责罚。因为，魏王一直感念白圭帮他治理洪水的功劳，于是把白圭留在魏国，还封作了国相。

科学连连看

我国是一个农业大国，自古以来，人们居住的城市大都依山傍水，因此，建立堤坝，防止水患，灌溉农田，就成为一项重要的工作。

黄河沿岸，有不少优秀的堤防工程，这些堤坝除了应用于工程，还可以用来防范邻国、抵御外族入侵。人们在修筑堤防的过程中，渐渐积累了不少经验。“千里之堤，毁于蚁穴”就来源于实践经验的总结。

一网打尽

场景应用

dīng dīng dāng shàng le xué xí wěi yuán zhuān mén fù zé jiān dū bú rèn zhēn dú
丁丁当上了学习委员，专门负责监督不认真读
shū de tóng xué měi cì zhǐ yào yì fā xiàn dāng dāng zài hé qí tā tóng xué jiǎng qiāo
书的同学。每次，只要一发现当当在和其他同学讲悄
qiāo huà yǐng xiǎng shàng kè jì lǜ dīng dīng jiù huì zài kè hòu yán lì de pī píng dāng
悄话，影响上课纪律，丁丁就会在课后严厉地批评当
dāng wǒ jǐng gào nǐ bú yào lā lǒng qí tā tóng xué hé nǐ yì qǐ pò huài jì
当：“我警告你！不要拉拢其他同学和你一起破坏纪
lǜ fǒu zé wǒ yí dìng huì bào gào lǎo shī bǎ nǐ men yì wǎng dǎ jìn
律！否则，我一定会报告老师，把你们一网打尽！”

透视镜

yì wǎng dǎ jìn de yì si shì quán bù zhuō zài wǎng zhōng yí gè yě bú
一网打尽的意思是：全部捉在网中，一个也不
lòu cháng yòng lái bǐ yù bǎ zì jǐ de duì lì miàn huò huài rén quán bù dǎi zhù huò
漏。常用来比喻把自己的对立面或坏人全部逮住或
chè dǐ xiāo miè
彻底消灭。

成语接龙

kàn kan liè chē shang yǒu jǐ gè chéng yǔ dú yi dú zài hé xiǎo huǒ bàn bǐ
看看列车上有几个成语？读一读，再和小伙伴比
yi bǐ kàn shéi jiē de duō
一比，看谁接得多？

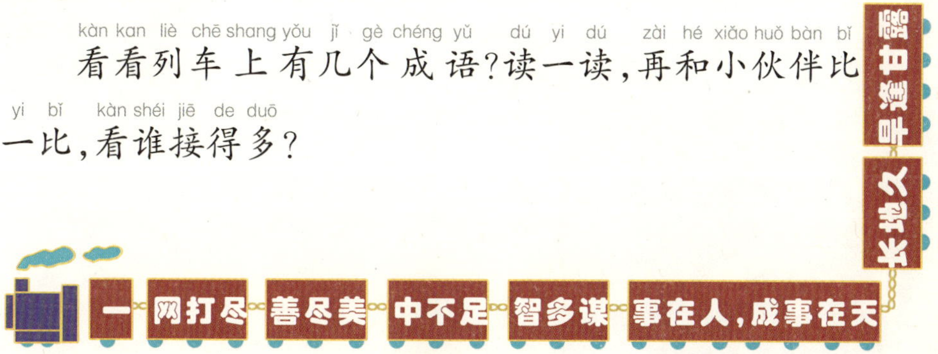

成语故事

běi sòng shí qī yǒu gè
北宋时期，有个
guān yuán jiào sū shùn qīn tā xiōng huái dà
官员叫苏舜钦。他胸怀大
zhì zhǔ zhāng gé xīn bìng yí cì yòu yí
志，主张革新，并一次又一
cì de shàng shū gěi huáng dì duì cháo tíng
次地上书给皇帝，对朝廷
de zuò fǎ jiā yǐ píng lùn hái pī píng le
的做法加以评论，还批评了
zǎi xiàng lǚ yí jiǎn shéi
宰相吕夷简。谁
zhī lǚ yí jiǎn zhī
知，吕夷简知

dào le zhè jiàn shì xīn huái bù mǎn yì xīn xiǎng yào bào fù sū shùn qīn yǐ jí
道了这件事，心怀不满，一心想要报复苏舜钦以及
gé xīn pài
革新派。

dāng shí yǒu gè hěn lóng zhòng de jié rì jiào sài shén huì měi féng zhè
当时，有个很隆重的节日，叫赛神会。每逢这
shí hou guān yuán men dōu huì bǎ yá mén li bù xū yào de dōng xi ná chu lai
时候，官员们都会把衙门里不需要的东西拿出来
biàn mài rán hòu yòng mài lái de qián jìn qíng de chī hē wán lè
变卖，然后，用卖来的钱尽情地吃喝玩乐。

sū shùn qīn wèi le ràng dà jiā wán de gāo xìng biàn
苏舜钦为了让大家玩得高兴，便
xiàng wǎng nián yí yàng bǎ jiù gōng wén fēng tào
像往年一样，把旧公文封套

拆下来卖掉了，而且，还邀请大家凑份子，举办了隆重的宴会。

看着歌女的舞蹈，吃着美味佳肴，大家都玩得十分尽兴。有个名叫李定的官员见了，也很想参加，可是，苏舜钦看不起他的为人，便拒绝了他。

李定怀恨在心，便到处对人说：“苏舜钦只知道吃喝玩乐，还带坏了其他官员！”

听到谣言后，反对苏舜钦一派的人得到了机会，赶紧向皇帝上奏，说了苏舜钦不少坏话。宰相吕夷简看到有机可乘，也帮着一起诬陷苏舜钦。

皇帝听了后，不禁火冒三丈。他给苏舜钦定了一个“监守自盗”的罪名，免去了他的官职。那天参加宴会的其他人，也纷纷被降职、免官，或者调到很远的地方去任职。

从此，革新派受到了沉重的打击。宰相吕夷简一伙人得意洋洋地说：“哈哈，总算把革新派一网打尽了！”

科学连连看

渔网，指的是捕鱼用的网。在古代，人们用粗布和麻作为原料，通过捆卷的方法，可以制成渔网。这种渔网容易腐烂，坚韧度差，捕鱼的效率很低。

随着渔业的发展，捕捞的工具也与时俱进。在现代，渔网主要采用聚乙烯、尼龙等原料进行加工，有着更好的坚韧度和更高的捕捞效率。

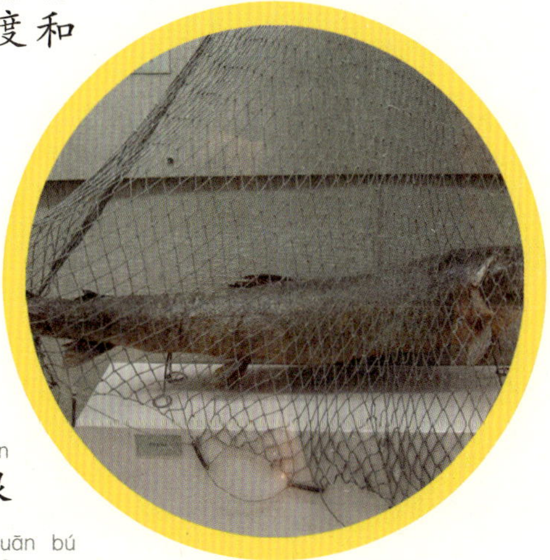

不过，为了捕获更多的鱼，追求更大的经济利益，有不少渔民把渔网的网眼越做越小，甚至小得穿不过小拇指。这样一来，不论是大鱼小鱼，甚至是很小的鱼虾，都被统统“一网打尽”。这种做法是很危险的，一旦小鱼苗被捕捞完，鱼就会“断子绝孙”，影响生态系统的可持续发展。

这种小网眼的渔网，被称为“绝户网”，是被国家明令禁止的。因此，我们要有节制地捕鱼，不要追求“一网打尽”，这样，我们的子孙后代才会有鱼吃。

死灰复燃

场景应用

yí dà zǎo bān zhǔ rèn lǎo shī zǒu jìn jiào shì liǎn shang yīn chénchén de
一大早，班主任老师走进教室，脸上阴沉沉的。
tā yán lì de shuō dào zuì jìn bān shang chāo xí zuò yè de xiàn xiàng sǐ huī fù
他严厉地说道：“最近，班上抄袭作业的现象死灰复
rán xī wàng dà jiā hù xiāng jiān dū bǎ huài xí guàn è shā zài yáo lán li
燃，希望大家互相监督，把坏习惯扼杀在摇篮里！”

透视镜

sǐ huī shāo yú de huī jìn
死灰：烧余的灰烬。

fù zài chóng xīn
复：再，重新。

sǐ huī fù rán de yì si shì lěng diào de huī yòu chóng xīn shāo le qǐ lái
死灰复燃的意思是：冷掉的灰又重新烧了起来。
yuán bǐ yù shī shì de rén chóng xīn dé shì xiàn cháng bǐ yù yǐ jīng xiāo shī le de
原比喻失势的人重新得势。现常比喻已经消失了的
è shì lì yòu chóng xīn huó dòng qi lai
恶势力又重新活动起来。

成语接龙

kàn kan liè chē shang yǒu jǐ gè chéng yǔ dú yi dú zài hé xiǎo huǒ bàn bǐ
看看列车上有几个成语？读一读，再和小伙伴比
yi bǐ kàn shéi jiē de duō
一比，看谁接得多？

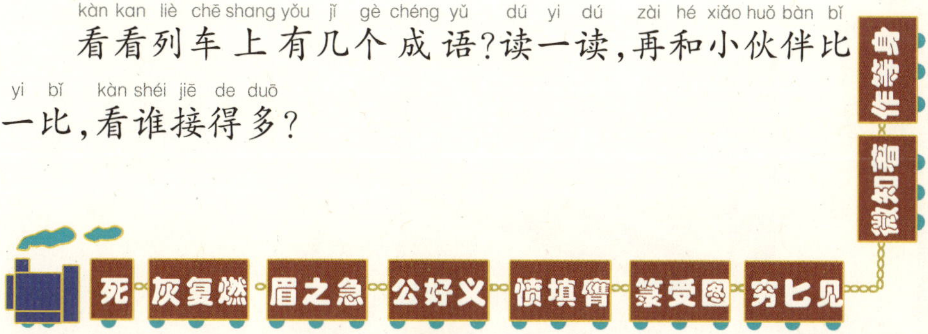

成语故事

hàn cháo de shí hou yǒu
汉朝的时候，有
yí gè guān yuán jiào hán ān guó
一个官员叫韩安国。
tā yuán lái zài huáng dì de dì
他原来在皇帝的弟
di liáng xiào wáng shǒu xià zuò shì
弟梁孝王手下做事，
hěn shòu liáng wáng qì zhòng hòu
很受梁王器重。后
lái hán ān guó yīn shì bèi bǔ
来，韩安国因事被捕，
bèi guān jìn le jiān yù liáng wáng
被关进了监狱。梁王
suī rán hěn xiǎng jiù tā kě shì
虽然很想救他，可是
yì shí xiǎng bu chū bàn fǎ zhǐ
一时想不出办法，只
néng gān zháo jí
能干着急。

zhè shí kān shǒu jiān yù
这时，看守监狱
de tián jiǎ yǐ wéi hán ān guó
的田甲以为韩安国

yǐ jīng shī shì biàn jīng cháng xiū rǔ tā tián jiǎ dé yì yáng yáng de shuō nǐ
已经失势，便经常羞辱他。田甲得意洋洋地说：“你
zhè xiǎo zi tài dǎo méi le gū jì zhè bèi zi dōu bié xiǎng fān
这小子太倒霉了，估计这辈子都别想翻
shēn
身！”

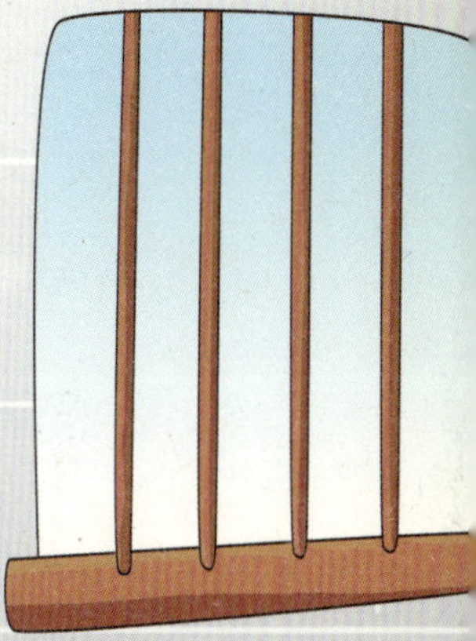

hán ān guó bái le tián jiǎ yì yǎn shuō nǐ bǎ
韩安国白了田甲一眼，说：“你把
wǒ kàn chéng xī miè le de huī jìn nán dào sǐ huī jiù bù
我看成熄灭了的灰烬，难道，死灰就不
kě yǐ fù rán ma
可以复燃吗？”

hng rú guǒ sǐ huī fù rán wǒ jiù sā yì pāo
“哼，如果死灰复燃，我就撒一泡
niào jiāo miè tā tián jiǎ bù yǐ wéi rán de shuō dào
尿，浇灭它！”田甲不以为然地说道。

hán ān guó yì tīng qì de huà dōu shuō bù chū lái le
韩安国一听，气得话都说不出来了。

hòu lái hán ān guó rù yù de shì qing yǐn qǐ le tài hòu de guān zhù
后来，韩安国入狱的事情引起了太后的关注。
céng jīng hán ān guó tiáo jié guò tài hòu de liǎng gè ér zi zhī jiān de máo dùn
曾经，韩安国调节过太后的两个儿子之间的矛盾，
ràng tā men chóng guī yú hǎo tài hòu jì zhe tā de gōng láo yú shì qīn zì xià
让他们重归于好，太后记着他的功劳，于是亲自下
zhào yāo qiú shì fàng hán ān guó
诏，要求释放韩安国。

hán ān guó chū yù hòu chóng xīn dé dào le liáng wáng de zhòng yòng yòu
韩安国出狱后，重新得到了梁王的重用，又
dāng shàng le bù xiǎo de guān tián jiǎ zhī dào hòu xià de lián yè táo zǒu le
当上了不小的官。田甲知道后，吓得连夜逃走了。
hán ān guó yáng yán shuō rú guǒ tián jiǎ bù huí lái wǒ jiù zhì tā yì jiā
韩安国扬言说：“如果田甲不回来，我就治他一家
rén de zuì
人的罪！”

tián jiǎ dān xīn jiā rén de ān wēi zhǐ hǎo yòu chuí tóu sàng qì de liū huí
田甲担心家人的安危，只好又垂头丧气地溜回
lai le tā lái dào hán ān guó fǔ zhōng bì gōng bì jìng de qǐng zuì hán ān
来了。他来到韩安国府中，毕恭毕敬地请罪。韩安
guó hā hā dà xiào xiàn zài sǐ huī fù rán nǐ kě yǐ sā niào le
国哈哈大笑：“现在死灰复燃，你可以撒尿了！”

tián jiǎ tīng le xià de guì zài dì shang lián lián kē tóu qiú ráo hán
田甲听了，吓得跪在地上，连连磕头求饶。韩
ān guó kàn dào tián jiǎ jīng huāng shī cuò de yàng zi jué de yě chū qì le yú
安国看到田甲惊慌失措的样子，觉得也出气了，于
shì fēi cháng kuān róng de fàng guò le tián jiǎ
是，非常宽容地放过了田甲。

科学连连看

燃烧，通常是指物质和氧气剧烈化合的过程。它是可燃物与氧化剂作用发生的放热反应，通常伴有火焰、发光或发烟现象。

发生燃烧，必须同时具备三个条件：可燃物、氧化剂和温度。这三个条件无论缺少哪一个，燃烧都会停止。其中，可燃物指的是能与空气中氧或其他氧化剂起剧烈反应的物质，例如：木材、纸张、汽油、酒精、煤气，等等。氧化剂主要是指空气中的氧，如果没有氧参加，燃烧是不会发生的。例如，燃烧1公斤石油就需要10~12立方米的空气，一旦空气供应不足，火焰就会逐渐变弱，直到熄

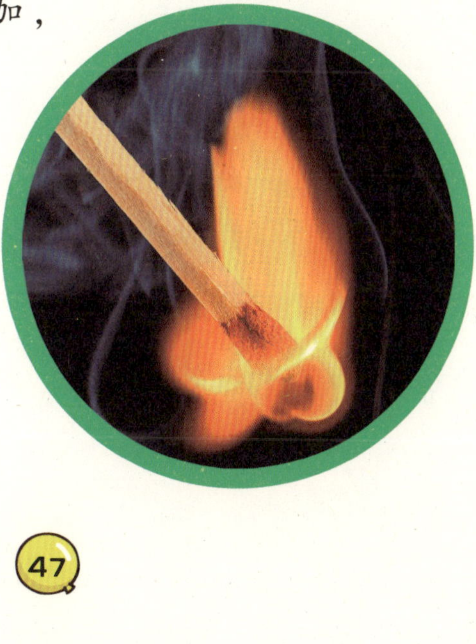

miè ér wēn dù shì zhǐ kě rán wù bì xū dá dào le rán diǎn cái néng fā shēng
灭。而温度是指可燃物必须达到了燃点，才能发生
rán shāo
燃烧。

yí dàn rán shāo jié shù chǎn shēng huī jìn jiù hěn nán zài chóng xīn rán
一旦燃烧结束，产生灰烬，就很难再重新燃
shāo qi lai yīn wèi rán shāo de tiáo jiàn yǐ jīng bèi pò huài suǒ yǐ sǐ huī
烧起来，因为，燃烧的条件已经被破坏。所以，死灰
bù néng jì xù rán shāo suǒ wèi de sǐ huī nán yǐ fù rán jiù shì zhè ge dào
不能继续燃烧。所谓的死灰难以复燃，就是这个道
lǐ
理。

固若金汤

场景应用

dīng dīng hé yú háng zhī jiān de sān bā xiàn yǐ jīng cún zài hěn jiǔ le dīng
丁丁和于航之间的“三八线”已经存在很久了。丁
dīng hái shi bú fàng xīn biàn zài zhuō zi biān bǎi le yí dà dá shū rán hòu jǐng gào
丁还是不放心，便在桌子边摆了一大沓书，然后警告
yú háng wǒ de zhuō zi yǐ jīng gù ruò jīn tāng le xiàn zài nǐ xiū xiǎng chāo yuè
于航：“我的桌子已经固若金汤了，现在，你休想超越
sān bā xiàn qīn fàn wǒ de lǐng dì
三八线，侵犯我的领地！”

透视镜

gù jiān gù
固：坚固。

ruò xiàng
若：像。

jīn tāng yòng jīn shǔ zào de chéng yòng gǔn kāi shuǐ xiū de hù chéng hé
金汤：用金属造的城，用滚开水修的护城河。

gù ruò jīn tāng de yì si shì jiān gù de xiàng jīn chéng tāng chí yí yàng
固若金汤的意思是：坚固得像金城汤池一样。
xíng róng chéng chí huò zhèn dì jiān gù bú yì gōng pò
形容城池或阵地坚固，不易攻破。

成语接龙

kàn kan liè chē shang yǒu jǐ gè chéng yǔ dú yi dú zài hé xiǎo huǒ bàn bǐ
看看列车上有几个成语？读一读，再和小伙伴比
yi bǐ kàn shéi jiē de duō
一比，看谁接得多？

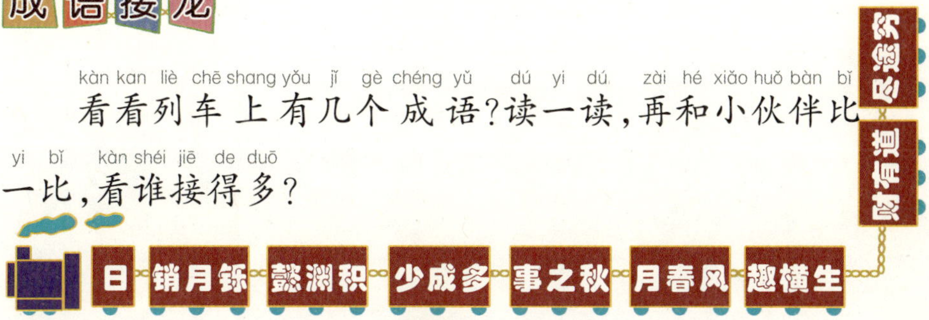

成语故事

zài qín cháo mò nián chén
在秦朝末年，陈
shèng wú guǎng lǐng dǎo le nóng mín
胜吴广领导了农民
qǐ yì dāng shí tā men shǒu xià yǒu gè
起义。当时，他们手下有个
bù jiàng jiào wǔ chén wǔ chén cōng míng
部将，叫武臣，武臣聪明
guò rén yòu shí fēn yīng yǒng shàn
过人，又十分英勇善

zhàn dǎ le bù shǎo shèng zhàng
战，打了不少胜仗。

yǒu yí cì wǔ chén dài zhe jūn duì lái dào le fàn yáng de chéng mén
有一次，武臣带着军队，来到了范阳的城门

xià tā pài le yí gè jiào kuǎi tōng de rén qù jiàn fàn yáng xiàn lìng kuǎi tōng shì
下。他派了一个叫蒯通的人去见范阳县令。蒯通是

gè hěn yǒu kǒu cái de rén tā yí jiàn dào xiàn lìng jiù dà jīng shī sè de shuō
个很有口才的人，他一见到县令，就大惊失色地说：

nǐ bù zhī dào ma nǐ jiù kuài yào sǐ dào lín tóu le xiàn
“你不知道吗？你就快要死到临头了！现

zài wǒ shì lái jiù nǐ de
在，我是来救你的！”

xiàn lìng yì tīng xià de pì gǔn niào
县令一听，吓得屁滚尿

liú tā duō duō suō suō de wèn zhè shì
流。他哆哆嗦嗦地问：“这是

怎么回事？”

蒯通解释说：“你当官的时候，害了不少老百姓。现在，武臣的军队来了，你觉得他会放过你吗？所以，我今天特地赶来给你吊孝。不过，如果你还不想死，我倒有一个办法。”

县令已经六神无主，他慌慌张张地问：“什么办法？”

蒯通笑着说：“我可以去见武臣，然后告诉他：范阳这座城固若金汤，十分坚固。可是，范阳县令怕死，准备来投降。如果他投降了，你却杀了他，那么其他县城的官员知道后，一定不敢再投降了，他们一定会加强防御，抵死反抗，这样，你们的军队想要攻破这么多城池，就十分困难了。”

县令一听，连连点头，恳求蒯通帮他去向武臣求情。武臣听了后，马上同意了蒯通的建议，于是，武臣不费一兵一卒，就收取了范阳的地盘。

科学连连看

xī fāng rén xǐ huan yòng zhuān shí lái dā jiàn chéng lóu hé zhù suǒ kě
西方人喜欢用砖石来搭建城楼和住所，可
shì zài zhōng guó gǔ dài rén men què piān hào shǐ yòng mù cái mù cái suī rán
是，在中国古代，人们却偏好使用木材。木材虽然
róu ruò dàn zhǐ yào jiàn zào yǔ mù cái xiāng shì yìng de jiàn zhù jié gòu jiù néng
柔弱，但只要建造与木材相适应的建筑结构，就能
gòu yǐ róu kè gāng zài jīng lì kuáng fēng bào yǔ hé dì zhèn xí jī hòu yī rán
够以柔克刚，在经历狂风暴雨和地震袭击后，依然
yì lì bù dǎo yǒu yì xiē cháng shòu de gǔ jiàn zhù shèn zhì kě yǐ lì jīng
屹立不倒。有一些“长寿”的古建筑，甚至可以历经
qiān nián ér bù huǐ kě wèi gù ruò jīn tāng
千年而不毁，可谓“固若金汤”。

zhè shì yīn wèi gǔ dài mù jiàn zhù yōng yǒu láo gù de dì jī zhù zi dǒu gǒng hé dú tè de sǔn mǎo jié gòu zài páng dà de gǔ jiàn zhù nèi suí chù kě jiàn sǔn mǎo de shēn yǐng sǔn mǎo
这是因为，古代木建筑拥有牢固的地基、柱子斗拱和独特的榫卯结构。在庞大的古建筑内，随处可见榫卯的身影。榫卯

bǎ gè zhǒng mù gòu jiàn láo láo de níng jù zài yì qǐ ràng tā men hù xiāng zhī jiān shòu lì jūn yún yǒu le tā zhù zi jiù bú huì yí wèi gè zhǒng bù jiàn yě bú huì qīng yì sōng chí hé yí wèi
把各种木构件牢牢地凝聚在一起，让它们互相之间受力均匀，有了它，柱子就不会移位，各种部件也不会轻易松弛和移位。

yóu yú mù cái jù yǒu liáng hǎo de yán zhǎn xìng ér dǒu gǒng hé sǔn mǎo
由于木材具有良好的延展性，而斗拱和榫卯
yòu yǒu zú gòu de shēn suō yú dì suǒ yǐ jí shǐ zài fā shēng dì zhèn shí
又有足够的伸缩余地，所以，即使在发生地震时，
jiàn zhù wù yě kě yǐ chéng shòu yí dìng de zhèn lì sú huà shuō de qiáng dǎo
建筑物也可以承受一定的震力，俗话说的“墙倒
wū bù tā jiù xíng xiàng de shuō míng le zhè zhǒng jié gòu wěn gù nài yòng de
屋不塌”，就形象地说明了这种结构稳固耐用的
tè diǎn
特点。

金石为开

场景应用

于航和丁丁又吵架了。据说，这一次是因为丁丁把课外书借给于航看，结果，于航在上面画了好多涂鸦。

“快去道歉吧！俗话说‘精诚所至，金石为开’，她一定会原谅你的！”当当劝道。

透视镜

金石：金属和石头。

为：被。

金石为开的意思是：最坚硬的东西都被打开了。形容真诚足以打动人心，也比喻意志坚定，能克服一切苦难。

成语接龙

看看列车上有几个成语？读一读，再和小伙伴比一比，看谁接得多？

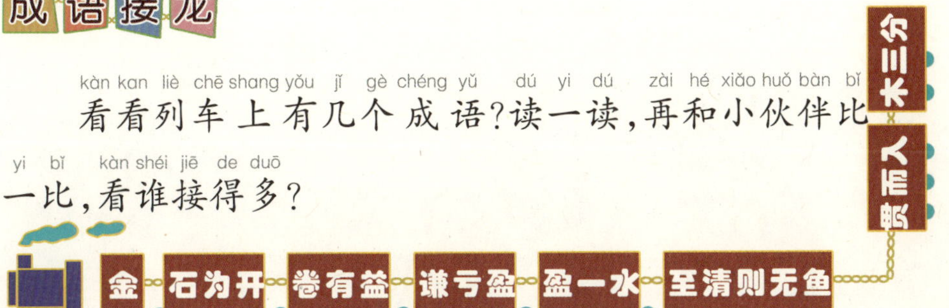

成语故事

zhōu cháo shí chǔ guó yǒu yí wèi zhù míng de shè jiàn néng
周朝时，楚国有一位著名的射箭能
shǒu míng jiào xióng qú zǐ xióng qú zǐ shí fēn kè kǔ de liàn
手，名叫熊渠子。熊渠子十分刻苦地练
xí shè jiàn tā liàn wán bì lì hòu yòu
习射箭，他练完臂力后，又
liàn yǎn lì kě réng rán bù mǎn zú hái
练眼力，可仍然不满足，还
xiǎng yào jì xù tí gāo jiàn fǎ
想要继续提高箭法。
yǒu rén duì tā shuō xiàn
有人对他说：“现

zài nǐ de jiàn fǎ hái bú suàn gāo míng yīn wèi nǐ shì zài yòng jì qiǎo shè
在，你的箭法还不算高明。因为，你是在用技巧射

jiàn děng dào nǐ xué huì yòng xīn qù shè měi yì zhī jiàn de shí
箭。等到你学会用心去射每一支箭的时

hou cái shì zhēn zhèng liàn dào jiā le
候，才是真正练到家了。”

xióng qú zǐ tīng le xīn yuè chéng fú
熊渠子听了，心悦诚服，

yú shì gèng jiā kè kǔ de liàn jiàn le
于是更加刻苦地练箭了。

yì tiān yè lǐ tā jīng guò yí piàn shān lín shí
一天夜里，他经过一片山林时，

měng rán kàn jiàn qián fāng bù yuǎn chù tǎng zhe yì
猛然看见前方不远处躺着一

zhī lǎo hǔ tā xià chū le yì shēn lěng
只老虎。他吓出了一身冷

hàn kě shì xīn lǐ què zài xiǎng
汗，可是心里却在想：

zhè zhèng shì wǒ liàn xí jiàn
这正是我练习箭

fǎ de hǎo jī huì
法的好机会！

yú shì xióng qú
于是，熊渠

zǐ gǎn jǐn lā gōng
子赶紧拉弓

dā jiàn duì zhǔn lǎo hǔ jiù shè
搭箭，对准老虎就射。

“咻——”的一声后，竟然一点儿动静也没有。熊渠子感到很奇怪，于是壮着胆子走上前去，这才发现，根本就没有什么老虎，只有一块形状像老虎的大石头卧在路上。而他射出的那支箭，竟整个儿深深地钻进石头里去了。

熊渠子射中石头的事很快传开了，人们议论纷纷，都说熊渠子的箭法高明。这时，之前的那个人评论说：“熊渠子现在是用心在射箭，所以，连金石都被打开了。”

科学连连看

世间万物，都是由原子构成的。石头之所以坚硬，是因为石头是由矿物质构成的，它的内部原子数量非常多，相互拥挤在一起，几乎没有任何孔隙，所以，即使用力敲打石头，你的手会感觉很痛，可石头却一点儿事也没有。

jīn shǔ yě shì fēi cháng
金属，也是非常
jiān yìng de wù zhì yīn wèi jīn
坚硬的物质，因为，金
shǔ nèi bù de yuán zǐ xiān gòu
属内部的原子先构
chéng fēn zǐ ér fēn zǐ zhī jiān
成分子，而分子之间
shì yī kào jīn shǔ jiàn lián jiē zài
是依靠金属键连接在
yì qǐ de jīn shǔ jiàn de jié
一起的，金属键的结
hé lì fēi cháng qiáng suǒ yǐ
合力非常强，所以，
jīn shǔ shí fēn jiān yìng
金属十分坚硬。

xiǎng yào dǎ kāi shí tou hé jīn shǔ jiù bì xū zhǎo dào bǐ tā men gèng
想要打开石头和金属，就必须找到比它们更
yìng de wù zhì
硬的物质。

zài zì rán jiè yǒu yì
在自然界，有一
zhǒng kuàng wù jiào jīn gāng shí
种矿物叫金刚石。
tā shì zuàn shí de yuán shí xíng
它是钻石的原石，形
chéng yú dì qiú shēn chù nà lǐ
成于地球深处，那里
yǒu zhe gāo wēn gāo yā de huán
有着高温、高压的环
jìng kě yǐ bǎ tàn yuán sù zǔ
境，可以把碳元素组
hé qi lai biàn chéng mì dù jí
合起来，变成密度极

高的单质晶体。于是，金刚石就成为自然界中最坚硬的物质，它有着“金石为开”的本领，常常被用来制作工业中的切割工具。

捕风捉影

场景应用

jù shuō shù xué lǎo shī yào diào zǒu le bān shang de tóng xué wú xīn shàng
据说，数学老师要调走了。班上的同学无心上

kè dōu rè liè de tǎo lùn zhe zhè jiàn shì děng dào líng shēng xiǎng le bān zhǔ rèn
课，都热烈地讨论着这件事。等到铃声响了，班主任

zǒu jìn jiào shì dà shēng xuān bù dào shù xué lǎo shī yào diào zǒu chún cuì shì yí
走进教室，大声宣布道：“数学老师要调走，纯粹是一

gè yáo yán dà jiā bú yào zài chuán zhè zhǒng bǔ fēng zhuō yǐng de shì qing le tóng
个谣言，大家不要再传这种捕风捉影的事情了！”同

xué men tīng wán quán dōu mò bú zuò shēng le
学们听完，全都默不作声了。

透视镜

bǔ fēng zhuō yǐng de yì si shì xiǎng zhuā zhù zhuō mō bú dìng de fēng hé yǐng
捕风捉影的意思是：想抓住捉摸不定的风和影

zi bǐ yù yǐ xū wú piāo miǎo de jì xiàng zuò wéi gēn jù ér méi yǒu shì shí yī
子。比喻以虚无缥缈的迹象作为根据，而没有事实依

jù yě kě jiě shì chéng wú shì shēng fēi
据。也可解释成无事生非。

成语接龙

kàn kan liè chē shang yǒu jǐ gè chéng yǔ dú yi dú zài hé xiǎo huǒ bàn bǐ
看看列车上有几个成语？读一读，再和小伙伴比

yi bǐ kàn shéi jiē de duō
一比，看谁接得多？

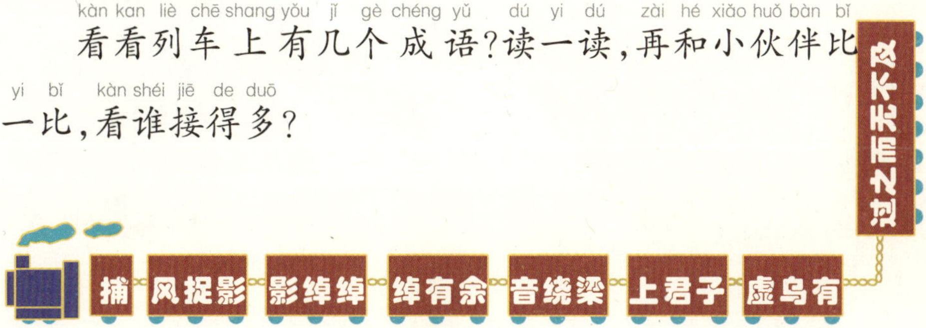

成语故事

xī hàn shí qī yǒu yí wèi huáng
西汉时期，有一位皇

dì jiào hàn chéng dì hàn chéng dì dào
帝，叫汉成帝。汉成帝到

le sì shí duō suì hòu yī rán méi
了四十多岁后，依然没

yǒu hái zi yú shì xīn lǐ shí
有孩子，于是心里十

fēn zháo jí tā dào chù shāo xiāng
分着急。他到处烧香

bài fó xiàng shàng tiān qí dǎo kě shì réng rán méi yǒu zuò yòng
拜佛，向上天祈祷，可是，仍然没有作用。

zhè shí yǒu yí gè jiào gǔ yǒng de guān yuán jiàn yì dào wǒ tīng shuō
这时，有一个叫谷永的官员建议道：“我听说，
fán shì qīng chǔ tiān dì běn xìng de rén jiù bù kě néng yòng shén guài qù mí huò
凡是清楚天地本性的人，就不可能用神怪去迷惑
tā fán shì dǒng dé shì jiān wàn wù zhī lǐ de rén jiù bú huì bèi nà xiē cóng
他；凡是懂得世间万物之理的人，就不会被那些从
shì wāi mén xié dào de rén suǒ méng bì xiàn zài yǒu yì xiē rén zhuān mén
事歪门邪道的人所蒙蔽。现在，有一些人专门
tán lùn shén xiān guǐ guài hái sā huǎng shuō shì shàng yǒu bù sǐ de
谈论神仙鬼怪，还撒谎说世上有不死的
xiān yào kě shì zhè yàng de shì qing dōu shì yì xiē
仙药。可是，这样的事情，都是一些
měi hǎo de huàn xiǎng ér yǐ dāng nǐ zhēn
美好的幻想而已，当你真

正去寻找它时，就会发现它其实虚无缥缈，就好像捕风捉影一样，不可能得到。”

汉成帝听了，若有所思地点了点头。

谷永又说：“周朝的时候，有一个官员建议周灵王祭祀鬼神，可是诸侯却反叛了；楚怀王也是一样，他不断地祈求神灵，可是，却被秦军打败了；秦始皇统一天下后，派人去大海里寻找长生不老的药，最后，他们再也没有回来。所以，从古到今，这样的事情从来没有应验过。大王，我恳请您，不要再放任那些行为不正的人干预朝廷的事务。”

“没错，你说得很对。”汉成帝听从了谷永的意见，从此，再也不相信那些故弄玄虚的人了。

科学连连看

空气不停地流动，就产生了风和风力。光沿直线传播，当遇到不透明的物体时，就形成了黑

暗的区域，叫影子。原本，风和影子都是不可能捕捉到的。可是，人们利用自己的智慧，却真正实现了“捕风捉影”。

最早的“捕风”工具之一，就是风车。风车是把风力转换成动力的一种装置。它可以通过转动来获取风力，帮助人们提水灌溉、碾磨谷物等。因为风力取之不尽、用之不竭，而且没有污染，所以，到了现代，人们对风力的应用更加广泛，例如，利用它来供暖、制冷、航运、发电等。

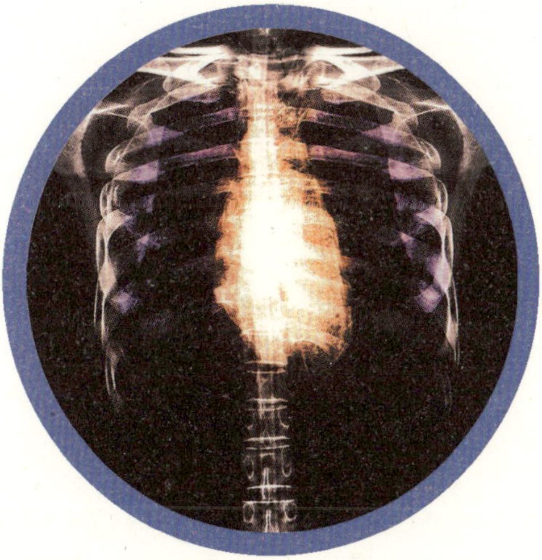

而“捉影”，随着

照相技术的发明，X射线的发现和应用，也变得越来越容易。“影子”，一次一次地被人们捉住，并保留在胶卷或者光片上。

科技的发展，让“捕风捉影”这样虚无缥缈的事情成为现实。今后，还将有越来越多的神话变为现实。

篝火狐鸣

场景应用

zǎo shang dīng dīng yì dǎ kāi kè zhuō jiù fā xiàn yì zhāng zhǐ tiáo shàng
早上，丁丁一打开课桌，就发现一张纸条，上
miàn xiě dào wǒ shì shàng tiān pài lái tōng zhī nǐ de kuài bǎ bàng bàng táng tǒng tǒng
面写道：“我是上天派来通知你的！快把棒棒糖统统
jiāo chu lai sòng gěi dāng dāng tóng xué fǒu zé lǎo tiān yé huì chéng fá nǐ de
交出来，送给当当同学。否则，老天爷会惩罚你的！”
dīng dīng qì hū hū de ná zhe zhǐ tiáo qù zhǎo dāng dāng jiū zhe tā de ěr duo
丁丁气呼呼地拿着纸条去找当当，揪着他的耳朵
shuō dào bú yào zài chāo xí shǐ jì li de gù shi le nǐ zhè shì gōu huǒ hú
说道：“不要再抄袭《史记》里的故事了！你这是篝火狐
míng zhuāng shén nòng guǐ
鸣，装神弄鬼！”

透视镜

gōu huǒ hú míng de yì si shì yè lǐ bǎ huǒ fàng zài lóng li shǐ yǐn yǐn
篝火狐鸣的意思是：夜里把火放在笼里，使隐隐
yuē yuē xiàng lín huǒ tóng shí yòu xué hú jiào hòu yòng lái bǐ yù cè huà qǐ yì huò
约约像磷火，同时又学狐叫。后用来比喻策划起义或
zào yáo huò zhòng
造谣惑众。

成语接龙

kàn kan liè chē shang yǒu jǐ gè chéng yǔ dú yi dú zài hé xiǎo huǒ bàn bǐ
看看列车上有几个成语？读一读，再和小伙伴比
yi bǐ kàn shéi jiē de duō
一比，看谁接得多？

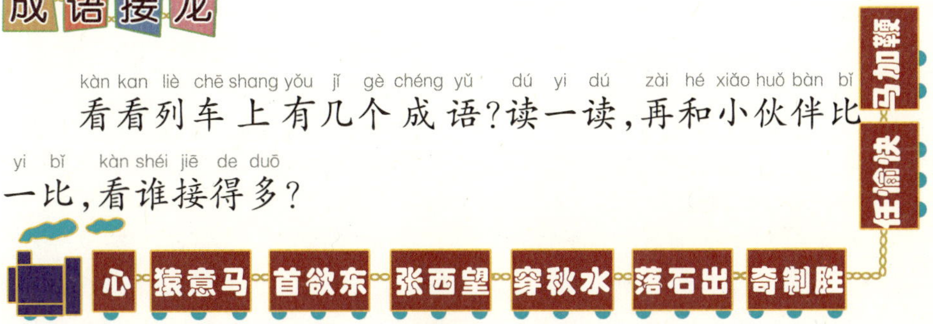

qín cháo mò nián tǒng zhì zhě hú hài shí fēn cán bào jīng cháng wèi le yì
秦朝末年，统治者胡亥十分残暴，经常为了一
diǎn diǎn xiǎo shì jiù shā rén tiān xià de rén dōu chóu hèn tā
点点小事就杀人，天下的人都仇恨他。
yǒu yí cì jǐ bǎi míng pín kǔ de nóng
有一次，几百名贫苦的农
mín bèi pài qù shǒu wèi biān
民被派去守卫边
jiāng tā men lí kāi le jiā
疆。他们离开了家
rén zài huāng wú de tián yě
人，在荒芜的田野

shang xíng jìn yí gè gè dōu huái zhe bēi tòng de xīn
上行进，一个个都怀着悲痛的心
qíng dāng zǒu dào dà zé xiāng shí tū rán xià qǐ
情。当走到大泽乡时，突然下起
le bào yǔ lù shang biàn de ní nìng bù kān dà
了暴雨，路上变得泥泞不堪。大
jiā xīn lǐ fēi cháng zháo jí kě shì réng rán
家心里非常着急，可是仍然
zhǐ néng shēn yì jiǎo qiǎn yì jiǎo màn
只能深一脚浅一脚，慢
màn de zǒu zhe
慢地走着。

zhè shí duì wǔ zhōng yǒu liǎng gè
这时，队伍中有两个
rén yí gè jiào chén shèng yí gè jiào wú
人，一个叫陈胜，一个叫吴

广，他们站出来，振臂高呼说：“现在，我们已经耽误了行程。按照朝廷严苛的法律，到了目的地后，一定会被处死的！与其等死，还不如起来反抗！”

大家听了，全都热血沸腾。

第二天早上，负责伙食的人买菜回来后，正在切鱼时，突然发现鱼肚子里有一张纸条，上面用红笔写着“陈胜王”三个字。士兵们见了，无不啧啧称奇。

隔了没多久，在一天夜里，士兵们又看到在附近的神庙里，有一闪一闪的“鬼火”，而且，还有狐狸在大声喊叫：“大楚兴，陈胜王！”

这样一来，士兵们全都大惊失色，以为是神仙的暗示，要拥护陈胜当大王。

其实，这一切，都是陈胜和吴广安排的，他们偷偷地写了纸条，藏在鱼肚子里，又在夜里点上火，学狐狸叫，好让大家相信这是上天的安排。

陈胜和吴广见时机成熟后，便杀死了领兵的

将尉，带着大家造反了。

科学连连看

故事里，陈胜吴广制造“鬼火”，让大家以为真的有神仙的旨意。这种现象，在古代是很容易迷惑人的。

所谓“鬼火”，指的是夜晚时分，出现在墓地或荒郊野外的绿色磷光。迷信的人认为，这种火只有火光，没有火焰，是鬼点的火。

事实上，“鬼火”就是“磷火”，是由于磷摩擦燃烧而形成的。人的身体里，就含有磷，人死后，身体在地下腐烂，便发生了各种化学反应，磷被释放出来，并变成了磷化氢。磷

化氢是一种气体，它的燃点很低，在夏季干燥炎热的天气里，磷与空气接触，就会发生燃烧。由于磷化氢燃烧时会发出蓝绿色的光，所以，在夜晚看见它的人会觉得十分诡异，有些不懂科学知识的人，便以为它是“鬼火”。

覆水难收

场景应用

zhōng wǔ dīngdīng dà shēng hǎn dào dāngdāng bāng wǒ qù shí táng dǎ fàn
中午，丁丁大声喊道：“当当，帮我去食堂打饭！”
dāngdāng zhèng zài hē shuǐ tīng dào dīngdīng de hǎn huà hòu tā bàn le yí gè
当当正在喝水。听到丁丁的喊话后，他扮了一个
guǐ liǎn rán hòu huā lā yí xià bǎ shuǐ hú li de shuǐ dào le yì xiē zài dì
鬼脸，然后“哗啦”一下，把水壶里的水倒了一些在地
shang jiē zhe jiù yáo tóu huàng nǎo de shuō dào fù shuǐ nán shōu fù shuǐ nán shōu
上，接着，就摇头晃脑地说道：“覆水难收，覆水难收
wa kàn lái zhè shì tiān yì wǒ bù néng bāng nǐ qù dǎ fàn
哇！看来，这是天意，我不能帮你去打饭！”

透视镜

fù dào
覆：倒。

fù shuǐ nán shōu de yì si shì dào zài dì shang de shuǐ nán yǐ shōu huí bǐ
覆水难收的意思是：倒在地上的水难以收回。比
yù shì qing yǐ chéng dìng jú wú fǎ wǎn huí
喻事情已成定局，无法挽回。

成语接龙

kàn kan liè chē shang yǒu jǐ gè chéng yǔ dú yi dú zài hé xiǎo huǒ bàn bǐ
看看列车上有几个成语？读一读，再和小伙伴比
yi bǐ kàn shéi jiē de duō
一比，看谁接得多？

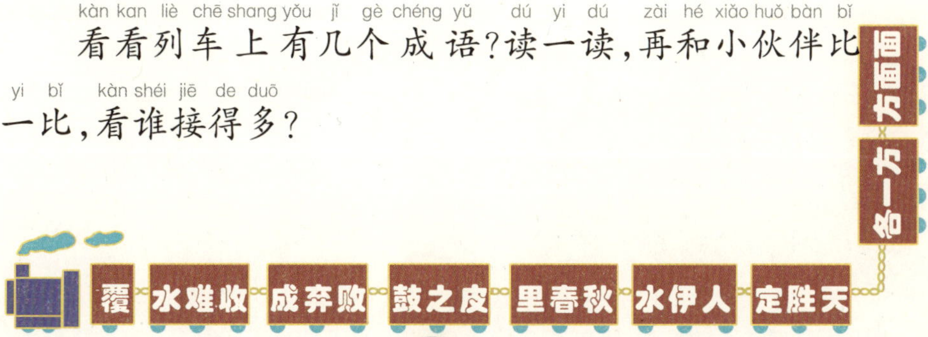

shāng cháo mò nián yǒu yí gè míng jiào jiāng zǐ yá de rén tā zú zhì duō
商朝末年，有一个名叫姜子牙的人。他足智多

móu yǒu zhe jīng tiān wěi dì de cái huá céng jīng jiāng zǐ yá zài cháo zhōng zuò
谋，有着经天纬地的才华。曾经，姜子牙在朝中做

guò guān kě shì yīn wèi bù mǎn zhòu wáng de cán bào tǒng zhì biàn cí qù le
过官，可是，因为不满纣王的残暴统治，便辞去了

guān zhí yǐn jū zài wèi shuǐ biān yí gè piān pì de dì fang
官职，隐居在渭水边一个偏僻的地方。

měi yì tiān jiāng zǐ yá dōu zài xiǎo
每一天，姜子牙都在小

hé biān yòng zhe méi yǒu
河边，用着没有

gōu zi de diào gān jiǎ
钩子的钓竿，假

zhuāng zài diào yú zhè
装在钓鱼。这

yàng yì lái jiā li bèi
样一来，家里被

nòng de shí fēn pín kùn lián chī fàn dōu chéng wèn tí
弄得十分贫困，连吃饭都成问题。

qī zi zhǐ zhe tā de bí zi mà dào nǐ zhè gè méi
妻子指着他的鼻子骂道：“你这个没

chū xi de měi tiān zhǐ huì diào yú jiā lǐ rén lián fàn dōu chī bù bǎo
出息的！每天只会钓鱼，家里人连饭都吃不饱！

wǒ yào lí kāi zhè gè jiā
我要离开这个家！”

jiāng zǐ yá tīng le shāng xīn jí le
姜子牙听了，伤心极了。

tā kǔ kǔ wǎn liú dào qǐng zài gěi wǒ yì diǎnr shí jiān
他苦苦挽留道：“请再给我一点儿时间。

wǒ měi tiān jiǎ zhuāng diào yú qí shí shì zài děng dài
我每天假装钓鱼，其实是在等待

néng zhòng yòng wǒ de rén na
能重用我的人哪！”

nǐ zhè shì kōng kǒu bái
“你这是空口白

huà wǒ cái bú xìn ne shuō
话！我才不信呢！”说

wán qī zi fú xiù ér qù le
完，妻子拂袖而去了。

hòu lái jiāng zǐ yá yù dào le zhōu wén wáng bìng bāng zhù tā hé tā de
后来，姜子牙遇到了周文王，并帮助他和他的
ér zi miè diào le shāng cháo jiàn lì le xī zhōu wáng cháo tā de qī zi zhī
儿子，灭掉了商朝，建立了西周王朝。他的妻子知
dào hòu gǎn jǐn pǎo dào jiāng zǐ yá fǔ zhōng kū kū tí tí de hǎn zhe wǒ
道后，赶紧跑到姜子牙府中，哭哭啼啼地喊着：“我
yào hé nǐ huī fù fū qī guān xì
要和你恢复夫妻关系！”

jiāng zǐ yá xiào le xiào dào le yì hú shuǐ zài dì shang ràng tā qù bǎ
姜子牙笑了笑，倒了一壶水在地上，让她去把
shuǐ shōu qi lai
水收起来。

jiāng zǐ yá lěng lěng de shuō wǒ men de guān xì jiù hǎo xiàng zhè pō
姜子牙冷冷地说：“我们的关系，就好像这泼
chu qu de shuǐ yí yàng yǐ jīng shōu bù huí lái le
出去的水一样，已经收不回来了！”

科学连连看

shuǐ pō chu qu wèi shén me zhè me róng yì ne zhè shì yóu yú yǒu yì
水泼出去为什么这么容易呢？这是由于，有一
zhǒng kàn bú jiàn de lì bǎ pō chu qu de shuǐ lā xiàng le dì miàn zhè zhǒng
种看不见的力，把泼出去的水拉向了地面。这种
kàn bu jiàn de lì lái zì wǒ men jiǎo xià de dì qiú tā néng shǐ dì qiú shang
看不见的力来自我们脚下的地球，它能使地球上
de wàn wù dōu shòu dào chuí zhí xiàng xià de zhòng lì
的万物都受到垂直向下的重力。

nà me pō chu qu de shuǐ xiǎng yào shōu hui lai wèi shén me yòu nà me
那么，泼出去的水想要收回来，为什么又那么
nán ne yīn wèi shuǐ sǎn luò kāi lái huì shèn tòu dào ní tǔ li bú huì zì
难呢？因为，水散落开来，会渗透到泥土里，不会自
fā de jù huí dào pén zhōng
发地聚回到盆中。

水滴石穿

场景应用

shàng le yí gè yuè huà huà péi xùn bān hòu dīng dīng dū zhe zuǐ ba huà huà
上了一个月画画培训班后，丁丁嘟着嘴巴：“画画
tài nán le wǒ bú huà le
太难了！我不画了！”

bà ba zhòu zhe méi tóu shuō bù guǎn shì huà huà yě hǎo zuò qí tā shì qing
爸爸皱着眉头说：“不管是画画也好，做其他事情
yě hǎo dōu yào yǒu nài xīn yào yǒu shuǐ dī shí chuān de jīng shén cái xíng fǒu zé jiù
也好，都要有耐心，要有水滴石穿的精神才行！否则，就
huì yí shì wú chéng
会一事无成！”

透视镜

dī dī luò
滴：滴落。

chuān dòng chuān
穿：洞穿。

shuǐ dī shí chuān de yì si shì shuǐ yì zhí xiàng xià dī shí jiān cháng le
水滴石穿的意思是：水一直向下滴，时间长了
néng bǎ shí tou dī chuān bǐ yù zhǐ yào jiān chí bú xiè xì wēi zhī lì yě néng
能把石头滴穿。比喻只要坚持不懈，细微之力也能
zuò chū hěn nán bàn de shì
做出很难办的事。

成语接龙

kàn kan liè chē shang yǒu jǐ gè chéng yǔ dú yi dú zài hé xiǎo huǒ bàn bǐ
看看列车上有几个成语？读一读，再和小伙伴比
yi bǐ kàn shéi jiē de duō
一比，看谁接得多？

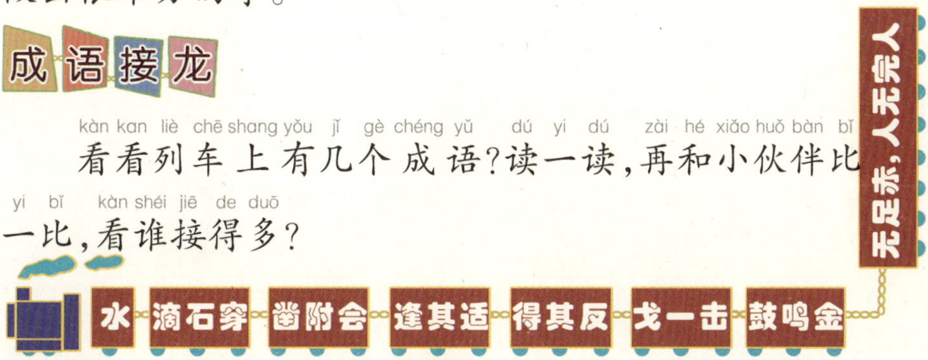

成语故事

sòng cháo de shí hou chóng yáng xiàn yǒu gè
宋朝的时候，崇阳县有个
jiào zhāng guāi yá de xiàn guān
叫张乖崖的县官。
yǒu yì tiān tā zài yá mén li sì chù
有一天，他在衙门里四处
xún shì shí kàn
巡视时，看
jiàn cāng kù mén
见仓库门

kǒu yǒu yí gè xiǎo lì zhèng huāng huāng zhāng zhāng de cóng lǐ miàn liū chu
口有一个小吏，正慌慌张张地从里面溜出
lai zhāng guāi yá jiào zhù tā cóng tā kǒu dài li sōu chū yì méi tóng qián
来。张乖崖叫住他，从他口袋里搜出一枚铜钱。

kuài shuō zhè méi tóng qián shì nǎ lǐ lái de zhāng guāi yá lì
“快说！这枚铜钱是哪里来的？”张乖崖厉
shēng wèn dào
声问道。

xiǎo lì yì kāi shǐ zhī zhī wú wú hòu lái zài zhāng guāi yá de zhuī
小吏一开始支支吾吾，后来，在张乖崖的追
wèn xià zhǐ hǎo chéng rèn tóng qián shì cóng cāng kù li tōu chū lái de zhāng
问下，只好承认铜钱是从仓库里偷出来的。张
guāi yá tīng le shí fēn nǎo huǒ tā qì fèn de hǎn dào
乖崖听了十分恼火，他气愤地喊道：

"来人哪!快把他押上大堂!"

于是,小吏被抓起来,并用棍棒拷打。小吏心里不服气,大声地嚷嚷着:"偷了一枚铜钱有什么了不起?难道,你还能杀了我?"

张乖崖见他知错不改,就拿起笔来,写了一条批语:"一日一钱,千日千钱,绳锯木断,水滴石穿。"

这句话的意思是:一天偷一枚铜钱,一千天就是一千枚铜钱。时间长了,绳子也能锯断木头,水也能把石头滴穿。

写完后,张乖崖下令将这个小吏斩首。

科学连连看

水滴石穿,在自然界是存在的。例如,屋檐上的水滴,长年累月地滴下来,可以让石头地面上出现凹痕,甚至,把它们滴穿。

这是因为，水滴落的速度，在垂直状态下是非常快的。比如，小雨滴落的速度是4米每秒，大雨滴落的速度是9米每秒。当千千万万的水滴始终落在石头上的同一个点时，那种力量是非常惊人的。

而且，天然的雨水中还含有二氧化碳，它是一种呈酸性的化学成分；而在雷雨季节时，空气中的氮被氧化，进一步增强了雨水的酸性。这种酸性的雨水滴

落在石头上，可以溶解上面的碳酸钙，长年累月，石头上就有了小孔，久而久之，小孔越来越大，越来越深，石头就被滴穿了。

中流砥柱

场景应用

xīn xué qī kāi xué le dīng dīng kàn dào hǎo jiǔ bú jiàn de dāng dāng guān xīn
新学期开学了。丁丁看到好久不见的当当，关心
de wèn dào tīng shuō nǐ bà de gōng sī cái le bù shǎo rén ne
地问道：“听说，你爸的公司裁了不少人呢？”

shì ya bú guò wǒ bà kě shì tā men gōng sī de zhōng liú dǐ zhù dì
“是呀！不过，我爸可是他们公司的中流砥柱，地
wèi wěn gù de hěn dāng dāng zì háo de shuō dào
位稳固得很！”当当自豪地说道。

透视镜

dǐ zhù huáng hé zhōng xiàng zhù zi yí yàng de shān
砥柱：黄河中像柱子一样的山。

zhōng liú dǐ zhù de yì si shì xiàng dǐ zhù yí yàng yì lì zài huáng hé de
中流砥柱的意思是：像砥柱一样屹立在黄河的
jí liú zhī zhōng bǐ yù zài dòng dàng jiān nán de huán jìng zhōng qǐ jù dà zhī chēng
急流之中。比喻在动荡艰难的环境中起巨大支撑
zuò yòng de lì liàng huò yīng xióng rén wù
作用的力量或英雄人物。

成语接龙

kàn kan liè chē shang yǒu jǐ gè chéng yǔ dú yi dú zài hé xiǎo huǒ bàn bǐ
看看列车上有几个成语？读一读，再和小伙伴比
yi bǐ kàn shéi jiē de duō
一比，看谁接得多？

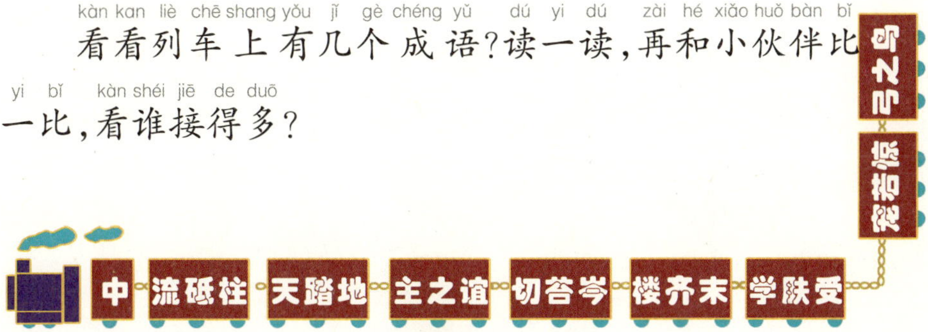

中流砥柱

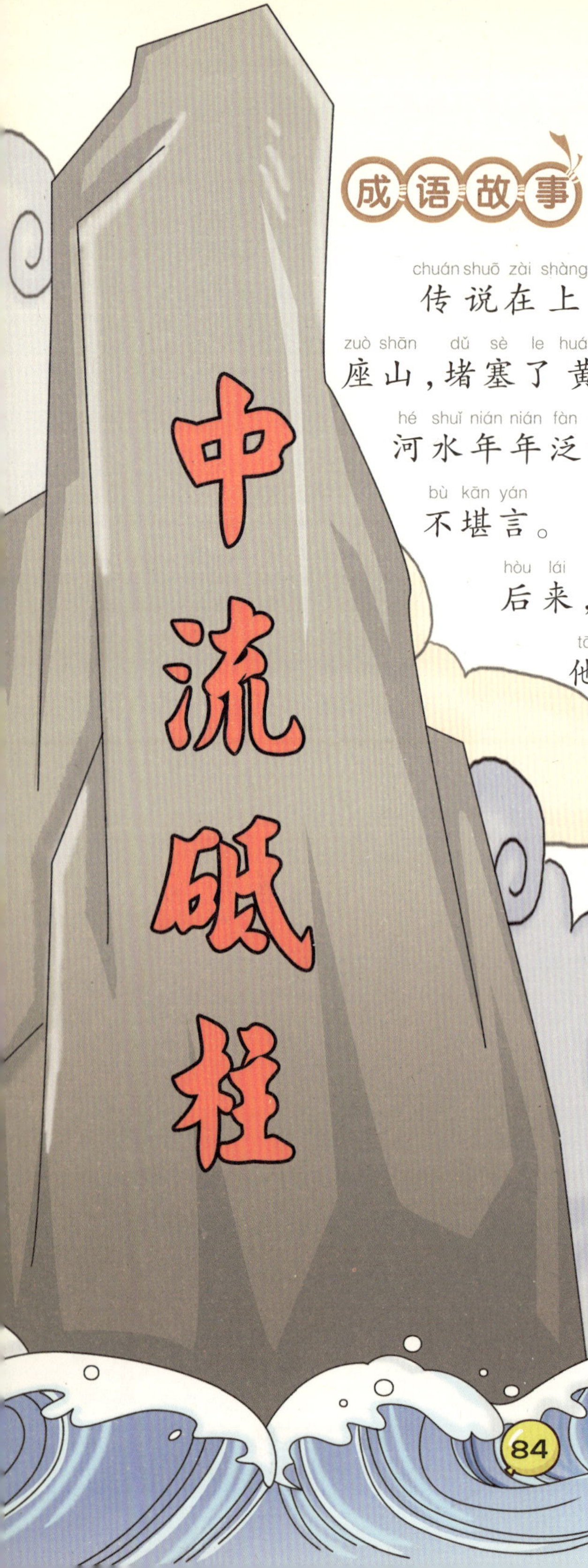

成语故事

chuán shuō zài shàng gǔ shí dài huáng hé zhōng yǒu yí
传说在上古时代，黄河中有一
zuò shān dǔ sè le huáng hé de tōng dào yú shì huáng
座山，堵塞了黄河的通道。于是，黄
hé shuǐ nián nián fàn làn chéng zāi ràng lǎo bǎi xìng kǔ
河水年年泛滥成灾，让老百姓苦
bù kān yán
不堪言。

hòu lái yǒu yí wèi jiào dà yǔ de rén
后来，有一位叫大禹的人，
tā fēi cháng shàn yú zhì lǐ shuǐ
他非常善于治理水
huàn dà yǔ
患。大禹

dài lǐng rén men záo kuān le shān liǎng biān de hé dào shū tōng le shuǐ liú ràng hé
带领人们凿宽了山两边的河道，疏通了水流，让河

shuǐ fēn liú ér guò ér zhī qián de zhè zuò dà shān zé xiàng yì gēn jù dà zhù
水分流而过。而之前的这座大山，则像一根巨大柱

zi yí yàng yì lì zài bō tāo xiōng yǒng de jí liú zhī zhōng suǒ yǐ rén men
子一样，屹立在波涛汹涌的急流之中。所以，人们

bǎ tā jiào zuò dǐ zhù shān
把它叫作“砥柱山”。

huáng hé shuǐ zài dǐ zhù shān yí dài shì zuì jí zuì xiǎn de nàr de
黄河水在砥柱山一带，是最急最险的。那儿的

hé dǐ héng zhe yí dào gāo gāo dī dī de yán shí bǎ hé shuǐ fēn chéng le sān
河底横着一道高高低低的岩石，把河水分成了三

gǔ jí liú rén men bǎ běi biān de
股急流，人们把北边的

yì gǔ jiào zuò rén mén
一股叫作“人门”，

zhōng jiān de yì gǔ jiào zuò
中间的一股叫作

“神门”，南边的一股叫作“鬼门”，所以，这个地方被称为“三门峡”。

后来，唐太宗李世民经过三门峡的时候，看见黄河水汹涌而下的急流，以万马奔腾的气势，直对着砥柱山冲去。面对这样的惊涛骇浪，砥柱山却力挽狂澜，巍然屹立在滚滚的波涛之中。

唐太宗感到万分惊奇，于是在这里写下了一首诗：仰临砥柱，北望龙门，茫茫禹迹，浩浩长春。

从此，砥柱山的名气更大了。它凭着刚强无畏的气势，成为中华民族的精神象征。

科学连连看

黄河中的三门峡位于河南省三门峡市和山西省平陆县之间，自古以来，就是天险。在这里，波浪滔天，惊心动魄，可以说是“激起黄河千层浪”。而在峡口以下约500米的地方，却有三座石岛迎着

汹涌的激流，矗立在河水中。故事里的“砥柱山”，就是这三座石岛中的一座。

通常情况下，水流对岩石有着天长地久的侵蚀、溶蚀作用，会使岩石内部的固体颗粒间承受的压力减小，从而失去原有的强度。

可是，砥柱山却为什么如此顽强呢？原来，砥柱山是由一种异常坚实致密的岩石构成的，这种岩石叫闪长玢岩。它有着明显的斑状结构，整体颜色一般是灰色或灰绿色。闪长

fēn yán bǐ qǐ pǔ tōng yán shí qiáng dù gèng gāo gèng jiā néng nài shòu shuǐ liú
玢岩比起普通岩石，强度更高，更加能耐受水流
de chōng jī
的冲击。

suǒ yǐ xiǎo xiǎo de dǐ zhù shān kě yǐ lì jīng qiān wàn nián réng
所以，小小的“砥柱山”，可以历经千万年，仍
rán yì lì zài huáng hé de jīng tāo hài làng zhī zhōng
然屹立在黄河的惊涛骇浪之中。

火树银花

场景应用

yuán xiāo jié dào le pī li pā lā dào chù dōu shì cǐ qǐ bǐ fú de biān
元宵节到了，“噼里啪啦”到处都是此起彼伏的鞭
pào shēng
炮声。

bà ba dài zhe dāng dāng qù gōng yuán li kàn huā dēng zhǎn dào le nàr zhǐ
爸爸带着当当去公园里看花灯展。到了那儿，只
jiàn xiàn chǎng liú guāng yì cǎi mǎn yǎn dōu shì wǔ cǎi bīn fēn de gè shì huā dēng
见现场流光溢彩，满眼都是五彩缤纷的各式花灯。

hǎo yí pài huǒ shù yín huā de jǐng xiàng nga dāng dāng pāi zhe shǒu shuō
“好一派火树银花的景象啊！”当当拍着手说。

透视镜

huǒ shù huǒ hóng de shù zhǐ shù shang guà mǎn dēng cǎi
火树：火红的树，指树上挂满灯彩。

yín huā yín bái sè de huā zhǐ dēng guāng xuě liàng
银花：银白色的花，指灯光雪亮。

huǒ shù yín huā cháng yòng lái xíng róng zhāng dēng jié cǎi huò dà fàng yàn huǒ de
火树银花常用来形容张灯结彩或大放焰火的
càn làn yè jǐng
灿烂夜景。

成语接龙

kàn kan liè chē shang yǒu jǐ gè chéng yǔ dú yi dú zài hé xiǎo huǒ bàn bǐ
看看列车上有几个成语？读一读，再和小伙伴比
yi bǐ kàn shéi jiē de duō
一比，看谁接得多？

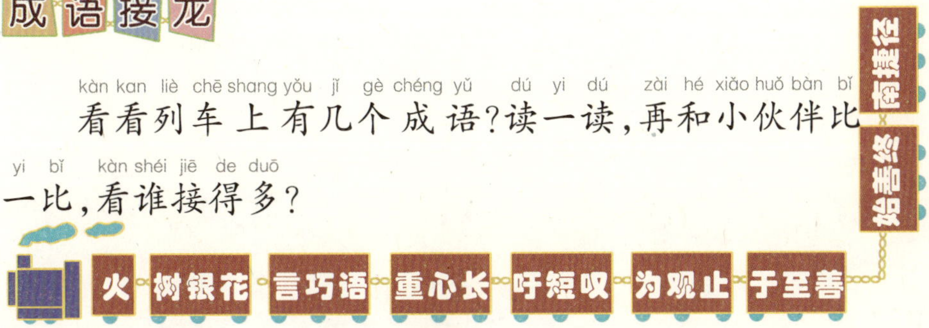

成语故事

táng cháo shí zhōng guó lì shǐ shang chū xiàn le wéi yī de yí wèi nǚ
唐朝时，中国历史上出现了唯一的一位女

huáng dì wǔ zé tiān
皇帝——武则天。

wǔ zé tiān hái méi chēng dì zhī qián dāng huáng dì de shì tā de ér zi
武则天还没称帝之前，当皇帝的是她的儿子

lǐ dàn yě jiù shì táng ruì zōng ruì zōng zhǐ shì yí gè kuǐ lěi huáng dì ér
李旦，也就是唐睿宗。睿宗只是一个傀儡皇帝，而

cháo zhèng quán bù bèi tài
朝政全部被太
hòu wǔ zé tiān yì rén bǎ
后武则天一人把
chí ruì zōng bú dàn bù
持。睿宗不但不
néng zài zhèng gōng shàng
能在正宫上
cháo tīng zhèng ér
朝听政，而
qiě zhǐ néng zhù zài
且，只能住在
bié diàn li ruì zōng
别殿里。睿宗
xīn lǐ shí fēn bù
心里十分不
mǎn dàn shì yòu bù
满，但是又不
gǎn biǎo lù chu lai
敢表露出来。
yú shì tā zhǐ hǎo
于是，他只好

zhuān xīn xiǎng shòu gān cuì bǎ yí qiè zhèng wù dōu jiāo gěi tài hòu qù chǔ lǐ
专心享受，干脆把一切政务都交给太后去处理。

suī rán ruì zōng zhǐ dāng le sān nián huáng dì kě shì měi féng jié qìng rì
虽然睿宗只当了三年皇帝，可是，每逢节庆日
zi tā zǒng yào huā fèi hěn duō de rén lì wù lì bǎ jié rì zhuāng bàn de
子，他总要花费很多的人力物力，把节日装扮得
rè nào fēi fán hǎo gòng zì jǐ wán lè
热闹非凡，好供自己玩乐。

měi nián yí dào zhèng yuè shí wǔ de yè wǎn wèi le qìng zhù yuán xiāo jiā
每年，一到正月十五的夜晚，为了庆祝元宵佳
jié ruì zōng biàn mìng rén zhā qǐ èr shí zhàng gāo de jù dà dēng shù hái zài
节，睿宗便命人扎起二十丈高的巨大灯树，还在
shù shang diǎn liàng le wǔ wàn duō zhǎn dēng kàn shang qu cuǐ càn duó mù piào liang
树上点亮了五万多盏灯，看上去璀璨夺目，漂亮
jí le yú shì lǎo bǎi xìng dōu bǎ zhè zhǒng dēng shù jiào zuò huǒ shù
极了。于是，老百姓都把这种灯树叫作“火树”。

hòu lái yǒu yí gè míng jiào sū wèi dào de shī rén tā kàn dào yuán xiāo
后来，有一个名叫苏味道的诗人，他看到元宵
jié de rè nào chǎng miàn hòu xiě xià le yì shǒu shī huǒ shù yín huā hé xīng
节的热闹场面后，写下了一首诗：火树银花合，星
qiáo tiě suǒ kāi àn chén suí mǎ qù míng yuè zhú rén lái
桥铁锁开；暗尘随马去，明月逐人来。

cóng cǐ huǒ shù yín huā de shèng kuàng biàn yì zhí bèi lǎo bǎi xìng
从此，“火树银花”的盛况，便一直被老百姓
jīn jīn lè dào
津津乐道。

科学连连看

gù shi zhōng yuán xiāo jié de dēng huǒ yú rú jīn chéng shì de cuǐ càn yè
故事中元宵节的灯火，与如今城市的璀璨夜

jǐng shì wú fǎ tóng rì ér yǔ de
景是无法同日而语的。

zì cóng ài dí shēng fā míng le diàn dēng, rén men zài rì cháng shēng huó zhōng, yǐ jí guò jié shí shǐ yòng de dēng zhú, jiù jiàn jiàn bèi bái chì dēng suǒ qǔ dài。bái chì dēng de yuán lǐ shì: diàn liú tōng guò dēng sī, zài bái chì zhuàng tài xià bǎ diàn néng zhuǎn huà wéi guāng néng, cóng ér fā chū liàng guāng。
自从爱迪生发明了电灯，人们在日常生活中，以及过节时使用的灯烛，就渐渐被白炽灯所取代。白炽灯的原理是：电流通过灯丝，在白炽状态下把电能转化为光能，从而发出亮光。

hòu lái, jīng guò kē xué jiā de gǎi liáng, yòu fā míng le tián chōng shuǐ yín zhēng qì de shuǐ yín dēng, yǐ jí tián chōng duò xìng qì tǐ de ní hóng dēng。zài ní hóng dēng de dēng guǎn li, chōng mǎn zhe nǎi qì、yà qì、hài qì hé shuǐ yín zhēng qì de hùn hé wù, gēn jù gè zhǒng qì tǐ
后来，经过科学家的改良，又发明了填充水银蒸气的水银灯，以及填充惰性气体的霓虹灯。在霓虹灯的灯管里，充满着氖气、氩气、氦气和水银蒸气的混合物，根据各种气体

de bù tóng bǐ lì ní hóng dēng jiù kě yǐ chéng xiàn chū bù tóng de yán sè
的不同比例，霓虹灯就可以呈现出不同的颜色。

yú shì měi dāng yè mù jiàng lín shí biàn huàn wú qióng de ní hóng dēng
于是，每当夜幕降临时，变幻无穷的霓虹灯
zǔ chéng le gè zhǒng tú àn hé wén zì bǎ fán huá de shì qū zhuāng bàn de
组成了各种图案和文字，把繁华的市区装扮得
yóu rú huǒ shù yín huā yì bān ràng rén mù bù xiá jiē
犹如火树银花一般，让人目不暇接。

信口雌黄

场景应用

yú háng hěn xiàn mù dāng dāng de kǒu cái yǒu yì tiān kè jiān xiū xi shí dāng
于航很羡慕当当的口才。有一天，课间休息时，当
dāng yòu zài gāo tán kuò lùn yú háng zhuǎn guò tóu duì dīng dīng shuō dāng dāng zhēn shì
当又在高谈阔论。于航转过头，对丁丁说：“当当真是
shé càn lián huā ya
舌灿莲花呀！”

hng míng míng shì xìn kǒu cí huáng ér yǐ dīng dīng bú xiè de huí dá dào
“哼！明明是信口雌黄而已！”丁丁不屑地回答道。

透视镜

xìn rèn píng tīng rèn
信：任凭，听任。

cí huáng jī guān shí huáng sè kuàng wù yòng zuò yán liào
雌黄：鸡冠石，黄色矿物，用作颜料。

xìn kǒu cí huáng de yì si shì gǔ rén yòng huáng zhǐ xiě zì xiě cuò le
信口雌黄的意思是：古人用黄纸写字，写错了，
yòng cí huáng tú mǒ hòu gǎi xiě bǐ yù bú gù shì shí suí kǒu luàn shuō
用雌黄涂抹后改写。比喻不顾事实，随口乱说。

成语接龙

kàn kan liè chē shang yǒu jǐ gè chéng yǔ dú yi dú zài hé xiǎo huǒ bàn bǐ
看看列车上有几个成语？读一读，再和小伙伴比
yi bǐ kàn shéi jiē de duō
一比，看谁接得多？

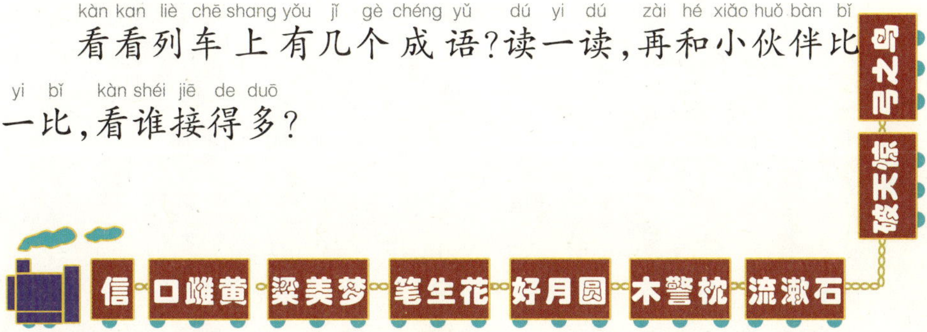

成语故事

dōng jìn shí qī　yǒu yí wèi zhù míng de
东晋时期，有一位著名的
qīng tán jiā　míng jiào wáng yǎn　tā zhǎng de
清谈家，名叫王衍。他长得
fēng dù piān piān　ér qiě cōng míng mǐn ruì　cái huá
风度翩翩，而且聪明敏锐、才华
héng yì　yóu qí shì　tā de kǒu cái fēi cháng hǎo　cháng cháng
横溢。尤其是，他的口才非常好，常常
yǔ bié rén tán lùn lǎo zǐ hé zhuāng zǐ
与别人谈论老子和庄子。
měi féng jiě dú lǎo zǐ hé zhuāng
每逢解读老子和庄
zǐ de lǐ lùn shí　wáng yǎn zǒng
子的理论时，王衍总

xǐ huan ná zhe yì bǎ piāo yì de yù fú chén rán hòu cóng cóng róng róng de wěi
喜欢拿着一把飘逸的玉拂尘，然后从从容容地娓
wěi dào lái yǒu shí hou bù xiǎo xīn jiǎng cuò le tā yě mǎn bú zài hū shèn
娓道来。有时候，不小心讲错了，他也满不在乎，甚
zhì bù jiǎ sī suǒ de suí kǒu gēng gǎi yú shì rén men shuō
至不假思索地随口更改，于是，人们说
tā shì kǒu zhōng cí huáng
他是“口中雌黄”。

dāng shí yǒu bù shǎo rén dōu shí fēn qīng mù
当时有不少人，都十分倾慕
wáng yǎn de cái huá tā de míng qì hěn dà lián
王衍的才华。他的名气很大，连
cháo tíng de gāo guān dōu bèi tā dǎ dòng chēng tā
朝廷的高官都被他打动，称他
wéi yí shì lóng mén yú shì wáng yǎn qīng yún zhí
为“一世龙门”。于是，王衍青云直
shàng lù xù dāng shàng le běi jūn zhōng hóu zhōng lǐng
上，陆续当上了北军中侯、中领

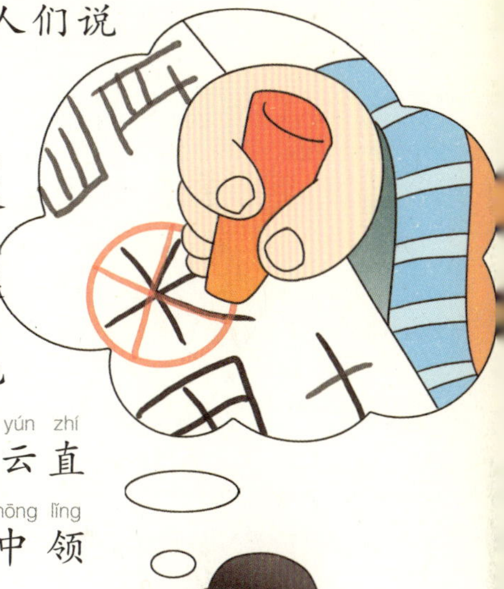

军、尚书令、司空、司徒等大官。

可惜的是，王衍虽然位高权重，可是，他却一点儿都不为国家着想，反而一心想着保全自己。为了在纷乱的时局中，让自己的家族长久地生存下去，他还精心策划，让弟弟王澄做荆州刺史，族弟王敦做青州刺史，这样一来，家族就有了更多的退路。

大家知道后，议论纷纷。有的人说：“王衍这个人，只知道夸夸其谈，根本就算不上真正贤能的人！”

从此，王衍渐渐地被周围的人所鄙视。

科学连连看

现在，我们有涂改液、橡皮擦，可以用来涂改错字。那么，在古代，人们写错了字，又用什么涂改呢？

wǒ guó běi sòng kē xué
我国北宋科学
jiā shěn kuò zài tā de zhù zuò
家沈括，在他的著作
mèng xī bǐ tán zhōng xiáng
《梦溪笔谈》中，详
xì jiè shào le gǔ dài gǎi zì
细介绍了古代改字
de fāng fǎ guā xǐ fǎ róng
的方法：刮洗法，容
yì pò huài zhǐ zhāng tiē zhǐ
易破坏纸张；贴纸
fǎ shí jiān jiǔ le róng yì tuō
法，时间久了容易脱
luò tú fěn fǎ wú fǎ gài zhù nóng mò zhǐ yǒu shǐ yòng cí huáng tú mǒ
落；涂粉法，无法盖住浓墨；只有使用雌黄涂抹，
cái kě yǐ liǎng quán qí měi yīn wèi cí huáng de yán sè hé zhǐ zhāng jiē
才可以两全其美。因为，雌黄的颜色和纸张接
jìn kě yǐ shǐ zì jì xiāo shī de gān gān jìng jìng ér qiě hái néng gòu cháng
近，可以使字迹消失得干干净净，而且，还能够长
shí jiān bǎo chí yuán zhuàng
时间保持原状。

nà me gǔ rén shuō de
那么，古人说的
cí huáng dào dǐ shì shén me
雌黄到底是什么
ne yuán lái cí huáng jiù shì
呢？原来，雌黄就是
jī guān shí tā shì yì zhǒng
鸡冠石。它是一种
yǒu dú de kuàng shí hán yǒu
有毒的矿石，含有
jù dú de shēn shēn de dú xìng
剧毒的砷。砷的毒性

很大，如果不小心吃下去，只要5～50毫克，就可以引起急性中毒，让人肚子痛、想呕吐，甚至意识模糊，产生昏迷。

不过，在古代，雌黄却是一种不可多得的改字颜料，它的毒性可以杀虫灭菌，还能防止虫蛀。所以，任何事物都有两面性，我们必须养成全面看待问题的习惯。

一日千里

场景应用

shǔ jià dīngdīng hé dāngdāng yì qǐ wán diàn nǎo wán le yí huìr diàn nǎo
暑假，丁丁和当当一起玩电脑。玩了一会儿，电脑
huài le zhè kě zěn me bàn dīngdīng zháo jí de shuō
坏了。“这可怎么办？”丁丁着急地说。

dāngdāng tīng le yí jù huà yě bù shuō zhǐ shì bù huāng bù máng de zhǎo chū
当当听了，一句话也不说，只是不慌不忙地找出
gōng jù bǎ jī xiāng dǎ kāi rán hòu hěn kuài jiù bǎ diàn nǎo xiū hǎo le
工具，把机箱打开，然后，很快就把电脑修好了。

wā jǐ tiān bú jiàn nǐ de diàn nǎo jì shù zhēn shì yí rì qiān lǐ ya
“哇！几天不见，你的电脑技术真是一日千里呀！”
dīngdīng shù qǐ le dà mǔ zhǐ
丁丁竖起了大拇指。

透视镜

yí rì qiān lǐ de yì si shì mǎ pǎo de hěn kuài yì tiān néng pǎo yì qiān
一日千里的意思是：马跑得很快，一天能跑一千
lǐ cháng yòng lái xíng róng shì wù de jìn zhǎn hěn kuài huò yǒu cái huá de rén zài
里。常用来形容事物的进展很快，或有才华的人在
duǎn shí jiān nèi qǔ de jiào dà de jìn bù
短时间内取得较大的进步。

成语接龙

kàn kan liè chē shang yǒu jǐ gè chéng yǔ dú yi dú zài hé xiǎo huǒ bàn bǐ
看看列车上有几个成语？读一读，再和小伙伴比
yi bǐ kàn shéi jiē de duō
一比，看谁接得多？

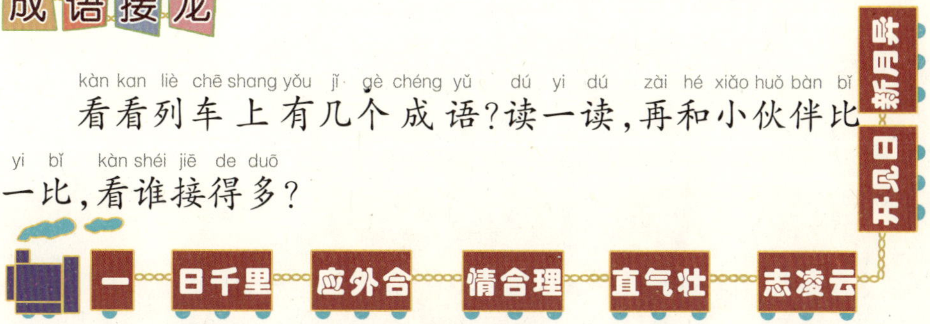

成语故事

zhàn guó shí qī yān guó de tài zǐ dān
战国时期，燕国的太子丹
hé qín guó de yíng zhèng yì qǐ zài zhào guó zuò
和秦国的嬴政一起在赵国做
rén zhì tā men zài jiān nán de huán jìng zhōng hù xiāng
人质，他们在艰难的环境中互相
zhào gù guān xì shí fēn yào hǎo hòu lái yíng zhèng
照顾，关系十分要好。后来，嬴政
huí guó hòu zuò le qín wáng ér tài zǐ
回国后，做了秦王，而太子
dān yòu bèi sòng dào qín guó zuò rén zhì
丹又被送到秦国做人质。

zhè xià kě hǎo le děng dào le qín
“这下可好了，等到了秦
guó hǎo xiōng di yíng zhèng yí dìng huì hǎo hǎo
国，好兄弟嬴政一定会好好
duì dài wǒ tài zǐ dān gāo xìng
对待我！”太子丹高兴
de xiǎng zhe
地想着。

kě shì wàn wàn méi xiǎng
可是，万万没想

dào yíng zhèng jiàn le tā tài dù shí fēn lěng dàn ér qiě hái gù yì chù chù
到，嬴政见了他，态度十分冷淡，而且，还故意处处
diāo nàn tā tài zǐ dān xīn lǐ shí fēn yuàn hèn hòu lái huí dào zì jǐ de guó
刁难他。太子丹心里十分怨恨，后来，回到自己的国
jiā hòu tā yì zhí xiǎng zhǎo jī huì bào chóu kě shì yān guó shí zài tài
家后，他一直想找机会报仇。可是，燕国实在太
ruò xiǎo le tài zǐ dān hěn nán shí xiàn zì jǐ de yuàn wàng
弱小了，太子丹很难实现自己的愿望。

yú shì tā zhǎo dào le yí gè jiào tián guāng
于是，他找到了一个叫田光
de rén gōng gōng jìng jìng de shuō dào xī wàng xiān
的人，恭恭敬敬地说道：“希望先
shēng néng zhù wǒ yí bì zhī lì xǐ qīng zài qín guó
生能助我一臂之力，洗清在秦国
shí méng shòu de chǐ rǔ
时蒙受的耻辱。”

tián guāng tīng le yí jù huà yě bù shuō tā lā zhe tài zǐ dān de
田光听了，一句话也不说。他拉着太子丹的
shǒu zǒu dào mén wài zhǐ zhe shuān zài yì kē dà shù shang de mǎ shuō zhè
手，走到门外，指着拴在一棵大树上的马说：“这
shì yì pǐ nán dé de hǎo mǎ nián qīng de shí hou tā yì tiān kě yǐ pǎo qiān
是一匹难得的好马。年轻的时候，它一天可以跑千
lǐ yǐ shàng kě shì xiàn zài tā lǎo le jiù lián zuì liè děng de mǎ yě kě
里以上；可是，现在它老了，就连最劣等的马也可
yǐ pǎo zài tā de qián miàn
以跑在它的前面。”

tián guāng tíng le tíng yòu jiē zhe shuō wǒ jiù xiàng zhè pǐ lǎo mǎ yí
田光停了停，又接着说：“我就像这匹老马一
yàng yǐ jīng bù néng wèi tài zǐ nín xiào lì le bú guò wǒ kě yǐ xiàng nín
样，已经不能为太子您效力了。不过，我可以向您
tuī jiàn yì míng yǒng shì tā de míng zì jiào jīng kē
推荐一名勇士，他的名字叫荆轲。”

hòu lái tài zǐ dān guǒ rán zhòng yòng jīng kē pài tā qù cì shā qín
后来，太子丹果然重用荆轲，派他去刺杀秦
wáng kě xī zhè cì xíng dòng zuì hòu yǐ shī bài gào zhōng
王，可惜，这次行动最后以失败告终。

科学连连看

zài gǔ dài rén men hái méi yǒu chuàng zào chū jiāo tōng gōng jù zhī qián
在古代，人们还没有创造出交通工具之前，
zhǐ néng yī kào shuāng jiǎo zǒu lù hòu lái suí zhe xù mù yè de fā zhǎn mǎ
只能依靠双脚走路。后来，随着畜牧业的发展，马
pǐ kě yǐ yòng lái dàng zuò zuò qí yǒu yì xiē pǎo de tè bié kuài de mǎ jiù
匹可以用来当作坐骑，有一些跑得特别快的马，就
bèi rén men chēng wéi qiān lǐ mǎ
被人们称为“千里马”。

直到渐渐出现了船。一开始，人们把大树的中间挖空，做成独木舟，然后用桨划着前进。后来，人们用木头搭建骨架造船，再后来，又出现了帆船，帆船依靠风作为动力，可以在大海中航行。

蒸汽机发明后，传统的船改良成了汽船，时速远远超过了千米。“一日千里”的速度，已经不算什么了。汽车出现后，速度不断提高，而火车的出现，更是一个划时代的进步。现在的高速火车已经能达到300千米以

shàng de shí sù cí xuán fú liè chē gèng kuài kě yǐ dá dào měi xiǎo shí 500
上的时速，磁悬浮列车更快，可以达到每小时500

qiān mǐ
千米。

gǔ dài mǎ pǐ yí rì qiān lǐ de sù dù gēn xiàn dài de lù dì jiāo
古代马匹“一日千里”的速度，跟现代的陆地交

tōng gōng jù xiāng bǐ yǐ jīng dà dà luò hòu le
通工具相比，已经大大落后了。

天衣无缝

场景应用

dāngdāng zhōu mò hé tóng xué yì qǐ qù yóu yǒng, yí bù xiǎo xīn, bǎ huàn xia
当当周末和同学一起去游泳，一不小心，把换下
lai de yī fu nòng diū le. dāngdāng chuān shàng tóng xué de yī fu, huí le jiā.
来的衣服弄丢了。当当穿上同学的衣服，回了家。

mā ma kàn dào dāngdāng láng bèi de yàng zi, wèn dào: "nǐ de yī fu ne?"
妈妈看到当当狼狈的样子，问道：“你的衣服呢？”

"bèi tōu le." dāngdāng xīn xū de huí dá dào.
“被偷了。”当当心虚地回答道。

"hng! nǐ zhè xiǎo zi, kěn dìng shì zì jǐ nòng diū de!" mā ma qì fèn de
“哼！你这小子，肯定是自己弄丢的！”妈妈气愤地
shuō dào, "nǐ yǐ wéi zì jǐ de huǎng huà biān de tiān yī wú fèng ma?"
说道，“你以为自己的谎话编得天衣无缝吗？”

透视镜

tiān yī wú fèng shì yí gè shén huà chuán shuō, yì si shì xiān nǚ de yī fu
天衣无缝是一个神话传说，意思是仙女的衣服
shì méi yǒu yī fèng de. bǐ yù shì wù zhōu mì wán shàn, zhǎo bù chū shén me pò
是没有衣缝的。比喻事物周密完善，找不出什么破
zhàn, yě bǐ yù kǎo lǜ zhōu dào quán miàn.
绽，也比喻考虑周到全面。

成语接龙

kàn kan liè chē shang yǒu jǐ gè chéng yǔ? dú yi dú, zài hé xiǎo huǒ bàn bǐ
看看列车上有几个成语？读一读，再和小伙伴比
yi bǐ, kàn shéi jiē de duō?
一比，看谁接得多？

天 — 衣无缝 — 衣浅带 — 金佩紫 — 气东来 — 日方长 — 绳系日 — 理万机 — 不容发

成语故事

gǔ shí hou yǒu gè jiào guō hàn de cái
古时候，有个叫郭翰的才
zǐ tā de kǒu cái fēi cháng hǎo hěn shòu rén men
子。他的口才非常好，很受人们
zūn jìng
尊敬。

yì tiān wǎn shang guō hàn tǎng zài yuàn zi
一天晚上，郭翰躺在院子
li de zhú chuáng shang chéng liáng tā wàng zhe
里的竹床上乘凉，他望着
gāo kōng de míng yuè shǔ zhe mǎn tiān de
高空的明月，数着满天的
xīng xing xīn lǐ qiè yì jí
星星，心里惬意极
le tū rán yí zhèn
了。突然，一阵
qí yì de wēi fēng cóng
奇异的微风从

liǎn shang chuī guò guō hàn yí kàn yuán lái yǒu yí wèi chuān zhe wǔ cǎi yī qún
脸上吹过，郭翰一看，原来，有一位穿着五彩衣裙
de nǚ zǐ zhèng piāo rán ér xià luò zài tā de miàn qián nǚ zǐ zhǎng de shí
的女子正飘然而下，落在他的面前。女子长得十
fēn piāo yì měi lì ér qiě hún shēn guāng huán wéi rào càn làn duó mù
分飘逸美丽，而且浑身光环围绕，灿烂夺目。

guō hàn hào qí de wèn dào nǐ shì shén me rén
郭翰好奇地问道：“你是什么人？”

nǚ zǐ xiào zhe huí dá shuō
女子笑着回答说：

wǒ shì tiān shàng de zhī nǚ
“我是天上的织女。”

zhè shí guō hàn kàn
这时，郭翰看
le kàn zhī
了看织

nǚ de yī fu fā xiàn tā de yī fu fēi cháng huá měi yàn lì zhì dì qīng
女的衣服，发现她的衣服非常华美艳丽、质地轻
róu ér qiě hún rán tiān chéng méi yǒu yí gè dì fang yǒu xiàn fèng
柔，而且浑然天成，没有一个地方有线缝。

guō hàn xīn lǐ shí fēn chī jīng biàn yòu wèn zhè jiàn yī fu zhè me měi
郭翰心里十分吃惊，便又问：“这件衣服这么美
lì nín shì zěn me jiǎn cái hé féng zhì de ne
丽，您是怎么剪裁和缝制的呢？”

zhī nǚ yì tīng xiào de gèng jiā lì hài le tā jiě shì shuō wǒ chuān
织女一听，笑得更加厉害了。她解释说：“我穿
de shì tiān yī tiān yī běn lái jiù bú shì yòng zhēn xiàn féng chu lai de zì
的是天衣，天衣本来就不是用针线缝出来的，自
rán yě jiù méi yǒu yī fèng
然，也就没有衣缝。”

guō hàn xīn lǐng shén huì de diǎn le diǎn tóu bìng yú zhī nǚ yú kuài de jiāo
郭翰心领神会地点了点头，并与织女愉快地交
tán qi lai bù zhī bù jué jiù dào le bàn yè zhí dào gōng jī jiào le sān biàn
谈起来，不知不觉就到了半夜。直到公鸡叫了三遍
zhī hòu zhī nǚ cái qǐ shēn gào cí shuō wǒ gāi huí qù le
之后，织女才起身告辞，说：“我该回去了！”

yú shì tā chéng shàng bái yún piāo rán ér qù
于是，她乘上白云，飘然而去。

科学连连看

cóng xiàn dài kē xué de guān diǎn lái kàn gù shi zhōng zhī nǚ nà qīng báo
从现代科学的观点来看，故事中织女那轻薄
de tiān yī shì zǔ dǎng bù liǎo yǔ zhòu shè xiàn de shāng hài hé xīng jì yǔn
的“天衣”，是阻挡不了宇宙射线的伤害和星际陨
shí de xí jī de
石的袭击的。

zhēn zhèng de tiān yī
真正的“天衣”，
yě jiù shì háng tiān yuán de yǔ
也就是航天员的宇
háng fú yǒu zhe shí fēn yán gé
航服，有着十分严格
de zhì zuò yāo qiú zǎo qī de
的制作要求。早期的
yǔ háng fú zhǐ yǒu liǎng céng wài
宇航服只有两层，外
miàn shì fáng hù céng lǐ miàn shì
面是防护层，里面是
jué rè céng zhōng jiān shì jiā yā
绝热层，中间是加压
kōng qì yòng lái wéi chí rén tǐ suǒ xū de zhèng cháng qì yā zài yī fu de
空气，用来维持人体所需的正常气压。在衣服的
zhǒu guān jié hé xī guān jié shang hái yào féng zhì jīn shǔ liàn biàn yú huó dòng
肘关节和膝关节上，还要缝制金属链，便于活动
hé wān qū
和弯曲。

hòu lái yǔ háng fú gǎi
后来，宇航服改
jìn le biàn chéng le qì náng shì
进了，变成了气囊式
de yǔ háng yuán chuān shàng tā
的。宇航员穿上它，
kě yǐ xíng dòng zì rú dàn shì
可以行动自如。但是，
tā yě yǒu yí gè quē diǎn jiù
它也有一个缺点，就
shì bì xū lián jiē yì gēn guǎn
是必须连接一根管
zi yòng lái xiàng yǔ háng yuán shū
子，用来向宇航员输

sòng yǎng qì
送氧气。

zài hòu lái chū xiàn le ā bō luó dēng yuè háng kōng fú tā yóu liù
再后来，出现了“阿波罗登月航空服”。它由六
qī céng tè shū bù liào zhì chéng ér qiě tóng wài jiè wán quán gé jué zhēn kě
七层特殊布料制成，而且同外界完全隔绝，真可
wèi shì tiān yī wú fèng
谓是“天衣无缝”。

jīn hòu suí zhe háng kōng kē jì de fā zhǎn yǔ háng fú hái huì jì xù
今后，随着航空科技的发展，宇航服还会继续
gēng xīn huàn dài biàn de yuè lái yuè xiān jìn
更新换代，变得越来越先进。

防微杜渐

场景应用

dāngdāng tōu tōu de ná le mā ma 10 kuài qián
当当偷偷地拿了妈妈10块钱。

bà ba zhī dào hòu yán lì de pī píng le dāngdāng duì dài huài máo bìng
爸爸知道后，严厉地批评了当当：“对待坏毛病，

bì xū fáng wēi dù jiàn xiàn zài tōu kuài qián yǐ hòu jiù huì tōu yì qiān kuài yí
必须防微杜渐！现在偷10块钱，以后就会偷一千块，一

wàn kuài dāngdāng tīng le xīn lǐ shí fēn cán kuì
万块！”当当听了，心里十分惭愧。

透视镜

wēi wēi xiǎo dù dǔ zhù
微：微小。杜：堵住。

jiàn zhǐ shì wù de kāi duān
渐：指事物的开端。

fáng wēi dù jiàn de yì si shì zài huài shì qing huài sī xiǎng gāng gāng méng
防微杜渐的意思是：在坏事情、坏思想刚刚萌

yá de shí hou jiù bì xū jiā yǐ zhì zhǐ bú ràng tā fā zhǎn
芽的时候，就必须加以制止，不让它发展。

成语接龙

kàn kan liè chē shang yǒu jǐ gè chéng yǔ dú yi dú zài hé xiǎo huǒ bàn bǐ
看看列车上有几个成语？读一读，再和小伙伴比

yi bǐ kàn shéi jiē de duō
一比，看谁接得多？

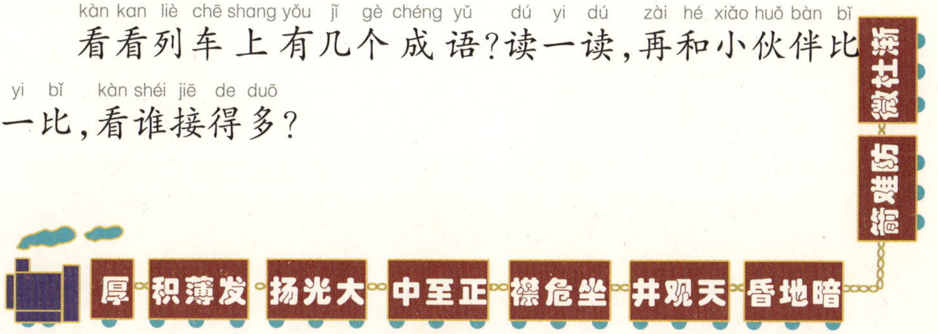

成语故事

dōng hàn de shí hou hàn hé dì jì wèi shí
东汉的时候，汉和帝继位时
fēi cháng nián yòu zhǐ yǒu 14 suì yú shì dòu tài
非常年幼，只有14岁。于是，窦太
hòu chèn jī bǎ chí le cháo zhèng bìng rèn yóu tā de
后趁机把持了朝政，并任由她的
xiōng dì dòu xiàn děng rén hú zuò fēi wéi
兄弟窦宪等人胡作非为。

dà chén men kàn zài yǎn lǐ jí zài xīn lǐ dōu wèi
大臣们看在眼里，急在心里，都为

hàn shì jiāng shān niē le bǎ hàn qí zhōng yǒu yí gè jiào dīng hóng de guān yuán
汉室江山捏了把汗。其中，有一个叫丁鸿的官员，
tā bǎo dú shī shū xiě dé yì shǒu hǎo wén zhāng duì yú dòu tài hòu zhuān quán
他饱读诗书，写得一手好文章。对于窦太后专权
de shì qing dīng hóng fēi cháng qì fèn jué xīn lì yòng zì jǐ de cái néng wèi
的事情，丁鸿非常气愤，决心利用自己的才能，为
guó jiā chú qù huò gēn
国家除去祸根。

guò le jǐ nián jī huì lái le yǒu yì tiān tiān shàng
过了几年，机会来了。有一天，天上
fā shēng le rì shí lǎo bǎi xìng dōu shuō rì shí shì
发生了日食。老百姓都说，日食是
bù xiáng de zhēng zhào yú shì jiē tóu xiàng
不祥的征兆，于是街头巷
wěi dōu yǒu rén yì lùn fēn fēn
尾，都有人议论纷纷。
dīng hóng chèn jī shàng
丁鸿趁机上

书给皇帝，在奏章里写到：“任何事情，如果防微杜渐，那么在萌芽的时候就可以除掉祸根。可是，如果让它发展壮大，那么以后想要消灭它，就十分困难了。”

皇帝知道他是在劝自己趁窦氏兄弟的权力还不是很大的时候，赶紧加以制止，否则，就会后患无穷。于是，皇帝任命丁鸿为太尉兼卫尉，进驻南北二宫，同时，罢掉了窦宪的官。窦宪兄弟得到消息后，吓得畏罪自杀了。

就这样，朝廷避免了一场可能发生的政变。

科学连连看

在自然界中，有许多人眼看不见的微生物，例如：各种各样的细菌、霉菌、病毒等。对待这种微小的生物，如果不严加防范，就会对我们的生活造成危害。

食物放久了，会腐败变质，就是微生物捣的鬼。只要环境和温度适宜，微生物繁殖起来就非常快，往往在短短几个小时内，就能繁殖出亿万个后代。人们必须借助显微镜，才能发现它们。

不过，想要阻止微生物大量繁殖，却是非常容易的。例如，我们可以采取晒干、风干、盐腌、糖渍等方法，来对食物进行加工，延长它们的保质期。此外，科学家还发明了冰箱，用冷藏和冷冻的办法给食物保鲜。微波炉的出现，更是让杀菌变

de kuài jié fāng biàn
得快捷方便。

zhè xiē bàn fǎ dōu shì rén men wèi le shǐ shí wù bǎo zhì ér jìn xíng
这些办法，都是人们为了使食物保质，而进行

de fáng wēi dù jiàn de guò chéng
的“防微杜渐”的过程。

空中楼阁

场景应用

zhè yí cì bān huì de zhǔ tí shì wǒ de lǐ xiǎng dīngdīng hào qí de wèn
这一次班会的主题是“我的理想”。丁丁好奇地问

yú háng nǐ de lǐ xiǎng shì shén me
于航：“你的理想是什么？”

dāng gè fēi xíngyuán yú háng tuō kǒu ér chū
“当个飞行员！”于航脱口而出。

dīngdīng zhǐ le zhǐ yú háng de yǎn jìng shuō dāng fēi xíngyuán hěn kù kě shì
丁丁指了指于航的眼镜，说：“当飞行员很酷，可是，

nǐ de shì lì bù dá biāo zhè yàng de lǐ xiǎng bú jiù shì kōngzhōng lóu gé ma
你的视力不达标！这样的理想，不就是空中楼阁吗！”

透视镜

lóu gé gǔ dài jiàn zhù zhōng de duō céng jiàn zhù wù
楼阁：古代建筑中的多层建筑物。

kōng zhōng lóu gé de yì si shì xuán yú bàn kōng zhī zhōng de chéng shì lóu
空中楼阁的意思是：悬于半空之中的城市楼

tái cháng yòng lái bǐ yù xū gòu de shì wù huò tuō lí shí jì de kōng xiǎng bù
台。常用来比喻虚构的事物或脱离实际的空想，不

fú hé shí jì de jì huà yě zhǐ rén gāo míng tōng dá
符合实际的计划。也指人高明通达。

成语接龙

kàn kan liè chē shang yǒu jǐ gè chéng yǔ dú yi dú zài hé xiǎo huǒ bàn bǐ
看看列车上有几个成语？读一读，再和小伙伴比

yi bǐ kàn shéi jiē de duō
一比，看谁接得多？

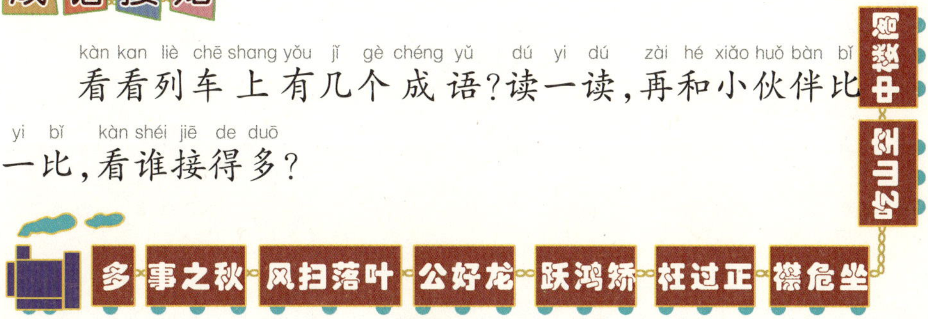

成语故事

cóng qián　yǒu liǎng gè　cái zhǔ　　yí　gè　jiào zhào cái zhǔ
从前，有两个财主，一个叫赵财主，
yí　gè　jiào qián cái　zhǔ
一个叫钱财主。

yǒu　yì　tiān　　qián cái zhǔ　qù　zhào cái　zhǔ　jiā
有一天，钱财主去赵财主家
cān guān　　tā　kàn jiàn　yí　zuò　sān céng　de　lóu fáng　　lóu
参观，他看见一座三层的楼房，楼
fáng diāo liáng huà dòng　　jì　gāo　dà　　yòu huá　lì　　qián cái
房雕梁画栋，既高大，又华丽。钱财
zhǔ xiàn mù　jí　le　　xīn　lǐ　xiǎng　　　hng　　wǒ　de　qián
主羡慕极了，心里想："哼，我的钱
yì diǎnr　　yě　bù　bǐ　tā　shǎo　　wǒ　yě　yào jiàn　yí　zuò　zhè yàng　de　lóu
一点儿也不比他少，我也要建一座这样的楼！"

yú shì tā lì kè zhǎo lái mù
于是，他立刻找来木
jiàng ràng tā men jiàn zào yí zuò yì mó
匠，让他们建造一座一模
yī yàng de lóu
一样的楼。

gōng jiàng men rè huǒ cháo tiān de
工匠们热火朝天地
máng le qǐ lái guò le jǐ tiān qián cái zhǔ lái
忙了起来。过了几天，钱财主来
dào gōng dì xiǎng kàn kan lóu fáng gài de zěn me yàng le
到工地，想看看楼房盖得怎么样了。
tā jiàn gōng jiàng men zhèng zài dǎ dì jī xīn lǐ jué de hěn qí
他见工匠们正在打地基，心里觉得很奇
guài jiù wèn nǐ men shì zài zào shén me ya
怪，就问："你们是在造什么呀？"

mù jiàng men huí dá dāng rán shì zào nín yào de
木匠们回答："当然是造您要的

楼房啊！”

钱财主赶紧阻止道：“你们搞错了！我只要第三层楼，不要下面两层！你们直接给我建第三层就行了！”

工匠们一听，纷纷摇头叹气，丢下手头的活，走了。这件事传开后，大家纷纷笑话钱财主，说他异想天开，是一个大笨蛋。

科学连连看

20世纪70年代，空间站的诞生，让原本虚无缥缈的“空中楼阁”成为现实。那时的空间站，是一个悬浮在太空中的大圆筒，直径6.6米，长33米，重约90吨。它之所以不会

往下掉，是因为一直围绕着地球运转，所受的离心力抵消了地球对它的引力，于是，就可以一直保持悬浮状态。

空间站分为上下两层，上层是实验室，下层住人，有起居室、厨房、厕所、浴室等设施。两层之间不需要楼梯，只有楼板中央有个洞。因为，在太空中，人处于失重状态，所以，上层的人只要用手推一下天花板，就可以降落到下层；下层的人只要一跺脚，就可以轻松地飞到上层。

后来，随着科技

de fā zhǎn kōng jiān zhàn de shè shī yuè lái yuè wán shàn jié gòu yě yuè lái yuè
的发展，空间站的设施越来越完善，结构也越来越
xiān jìn tā men jiù xiàng yí gè gè yǔ zhòu bīn guǎn yí yàng jiē nà zhe yì
先进。它们就像一个个“宇宙宾馆”一样，接纳着一
pī yòu yì pī yǔ háng yuán ràng rén men duì yǔ zhòu de tàn suǒ yuè lái yuè shēn
批又一批宇航员，让人们对宇宙的探索越来越深
rù
入。

洛阳纸贵

场景应用

liù yī ér tóng jié dào le dīngdīng hé dāngdāng yì qǐ qù xīn huá shū diàn mǎi
六一儿童节到了，丁丁和当当一起去新华书店买
shū shū diàn zuì xiǎn yǎn de wèi zhì bǎi zhe dāngdāng zuì ài de hā lì bō tè
书。书店最显眼的位置，摆着当当最爱的《哈利·波特》
quán jí
全集。

dīngdīng pāi pai dāngdāng de jiān bǎngshuō chèn zhe hái yǒu huò gǎn kuài bǎ
丁丁拍拍当当的肩膀说，："趁着还有货，赶快把
zhè tào shū mǎi le jiù pà luò yáng zhǐ guì yǐ hòu xiǎng mǎi dōu mǎi bú dào lou
这套书买了，就怕洛阳纸贵，以后想买都买不到喽！"

透视镜

luò yáng zhǐ guì de yì si shì xī jìn dū chéng luò yáng de zhǐ zhāng yīn
洛阳纸贵的意思是：西晋都城洛阳的纸张，因
dà jiā zhēng xiāng chuán chāo zuǒ sī de zuò pǐn yǐ zhì yì shí gōng bù yìng qiú huò
大家争相传抄左思的作品，以至一时供不应求，货
quē ér guì cháng yòng lái bǐ yù zuò pǐn wéi shì suǒ zhòng fēng xíng yì shí liú
缺而贵。常用来比喻作品为世所重，风行一时，流
chuán shèn guǎng
传甚广。

成语接龙

kàn kan liè chē shang yǒu jǐ gè chéng yǔ dú yi dú zài hé xiǎo huǒ bàn bǐ
看看列车上有几个成语？读一读，再和小伙伴比
yi bǐ kàn shéi jiē de duō
一比，看谁接得多？

jìn dài de shí hou yǒu yí wèi míng jiào
晋代的时候，有一位名叫
zuǒ sī de rén tā xiǎo shí hou fēi cháng wán
左思的人。他小时候非常顽
pí bù xǐ huan xué xí hòu lái tā de fù qīn
皮，不喜欢学习。后来，他的父亲
shī wàng de duì bié rén shuō ài wǒ de ér zi hái bù
失望地对别人说：“唉，我的儿子还不
rú wǒ xiǎo shí hou ne
如我小时候呢！”
zuǒ sī tīng le xīn lǐ fēi cháng
左思听了，心里非常

nán guò cóng cǐ tā fā fèn kǔ dú zhōng yú chéng wéi yí wèi jié chū de wén
难过。从此，他发愤苦读，终于成为一位杰出的文
xué jiā
学家。

20 suì nà nián zuǒ sī gēn suí jiā rén bān dào guó dū luò yáng qù zhù
20岁那年，左思跟随家人搬到国都洛阳去住。
zài nà lǐ tā rèn shí le hěn duō xǐ huan xiě wén zhāng de rén zài dà jiā de
在那里，他认识了很多喜欢写文章的人，在大家的
gǔ lì xià tā lì xià zhì xiàng yí dìng yào xiě chū yì míng jīng rén de
鼓励下，他立下志向，一定要写出一鸣惊人的
zuò pǐn
作品。

zuǒ sī huā le zhěng zhěng shí nián shí jiān měi
左思花了整整十年时间，每

天废寝忘食，终于写出了一篇《三都赋》。文章里讲述的是三国时期魏、蜀、吴的风土人情。当时的文人们都说，《三都赋》结构严谨、语句优美，而且内容真实可信，实在是不可多得的好文章。

于是，《三都赋》轰动了整个洛阳，大家都争着买纸来抄写，就连洛阳的贵族和有钱人，为了附庸风雅，也纷纷加入了抄写的行列。由于抄写的人实在太多，洛阳的纸张竟变得供不应求，价格飞快地上涨。

“一篇文章，竟然能使洛阳纸贵，实在是太难得了！”老百姓看到这种盛况，都竖起了大拇指。

科学连连看

造纸术，是我国古代的四大发明之一。

在没出现造纸术之前，人们只能在山洞和岩壁上作画，在龟甲和丝帛上写字。战国时期，读书

rén rú guǒ yào wài chū lǚ xíng de
人如果要外出旅行的
huà xū yào yòng zhěng zhěng 5 liàng
话，需要用整整5辆
mǎ chē cái néng zhuāng xià suí shēn
马车，才能装下随身
yào dài de shū jí xī hàn shí
要带的书籍。西汉时，
guāng shì yì fēng shū xìn jiù yǒu
光是一封书信，就有
liǎng jīn zhòng yīn wèi nà shí
两斤重。因为，那时
hou de zhǐ shì yòng zhú jiǎn
候的“纸”是用“竹简”
huò mù jiǎn lái tì dài de
或“木简”来替代的。

dào le dōng hàn yǒu yí gè jiào cài lún de rén fā xiàn zhǐ yào bǎ shù
到了东汉，有一个叫蔡伦的人发现，只要把树
pí suì bù yú wǎng děng xiān wéi pào zài shuǐ li dǎo làn chéng jiāng zài bǎ
皮、碎布、渔网等纤维泡在水里，捣烂成浆，再把
jiāng báo báo de pū zài zhú lián
浆薄薄地铺在竹帘
shang děng shài gān hòu bǎ tā
上，等晒干后，把它
men jiē kāi jiù dé dào le yì
们揭开，就得到了一
zhāng zhāng qīng báo de zhǐ
张张轻薄的纸。

cóng cǐ lián jià yòu hǎo
从此，廉价又好
yòng de zhǐ zhāng chū xiàn le
用的纸张出现了，
tā dà dà de fāng biàn le rén
它大大地方便了人

men de shēng huó ràng wén xué zuò pǐn dé yǐ gèng jiā guǎng fàn de liú chuán zhèng
们的生活，让文学作品得以更加广泛地流传。正
shì yīn wèi yǒu le zhè yàng de zhǐ dà jiā cái kě yǐ zhēng xiāng chāo xiě sān
是因为有了这样的纸，大家才可以争相抄写《三
dū fù chū xiàn le luò yáng zhǐ guì de shèng kuàng
都赋》，出现了“洛阳纸贵”的盛况。

临渴穿井

场景应用

shǔ jià dīng dīng yào hé bà ba mā ma yì qǐ chū guó lǚ xíng dīng dīng fā chóu
暑假，丁丁要和爸爸妈妈一起出国旅行。丁丁发愁
de dīng zhe yīng yǔ kè běn wèn dāng dāng zěn me bàn wǒ lián pǔ tōng de yīng yǔ huì
地盯着英语课本，问当当：“怎么办？我连普通的英语会
huà dōu bú huì chū le guó zěn me hé bié rén jiāo liú ne
话都不会，出了国怎么和别人交流呢？”

hā hā dāng dāng xìng zāi lè huò de xiào le qǐ lái shéi jiào nǐ píng shí
“哈哈！”当当幸灾乐祸地笑了起来，“谁叫你平时
bù hǎo hǎo xué yīng yǔ ne xiàn zài xiǎng lín kě chuān jǐng yǐ jīng lái bù jí le
不好好学英语呢？现在想临渴穿井，已经来不及了！”

透视镜

lín lái dào dào dá
临：来到，到达。

chuān dǎ
穿：打。

lín kě chuān jǐng de yì si shì děng dào kǒu kě le cái qù jué jǐng bǐ yù
临渴穿井的意思是：等到口渴了才去掘井。比喻
shì xiān méi yǒu zhǔn bèi shì dào lín tóu cái xiǎng bàn fǎ
事先没有准备，事到临头才想办法。

成语接龙

kàn kan liè chē shang yǒu jǐ gè chéng yǔ dú yi dú zài hé xiǎo huǒ bàn bǐ
看看列车上有几个成语？读一读，再和小伙伴比
yi bǐ kàn shéi jiē de duō
一比，看谁接得多？

成语故事

zài chūn qiū shí qī lǔ guó fā shēng le nèi
在春秋时期，鲁国发生了内
luàn nián qīng de lǔ zhāo gōng méi yǒu bàn fǎ zhǐ hǎo láng bèi
乱。年轻的鲁昭公没有办法，只好狼狈
de táo wǎng qí guó
地逃往齐国。

qí jǐng gōng rè qíng de zhāo dài le zhāo gōng hái sòng
齐景公热情地招待了昭公，还送
le hěn duō cái wù gěi tā xī wàng tā néng cháng jiǔ
了很多财物给他，希望他能长久
de zhù zài zhè lǐ zhāo gōng kè qì de shuō
地住在这里。昭公客气地说：

wǒ zěn me kě yǐ pāo qì zì jǐ de guó jiā cháng qī jū zhù zài zhè lǐ
“我怎么可以抛弃自己的国家，长期居住在这里

ne
呢？”

qí jǐng gōng xiǎng le xiǎng yí huò de wèn dào kě shì nǐ zhè me
齐景公想了想，疑惑地问道：“可是，你这么

nián qīng yǒu wéi yòu wèi shén me yào lí kāi zì jǐ de guó jiā ne
年轻有为，又为什么要离开自己的国家呢？”

zhāo gōng tàn le yì kǒu qì shuō zhèng shì yīn wèi wǒ tài nián qīng
昭公叹了一口气，说：“正是因为我太年轻，

quē shǎo zhì lǐ guó jiā de jīng yàn suǒ yǐ cái bǎ guó jiā diū diào
缺少治理国家的经验，所以，才把国家丢掉

le wǒ zhēn hòu huǐ ya yǐ qián yǒu hěn duō rén ài
了。我真后悔呀，以前，有很多人爱

hù wǒ wǒ què bù kěn qīn jìn tā men yǒu
护我，我却不肯亲近他们；有

hěn duō rén guī quàn wǒ wǒ què méi yǒu tīng
很多人规劝我，我却没有听

从他们的建议。我的身边，全是一些阿谀奉承和说假话的人。最后，没有人再愿意真心帮我了。所以，我落到了现在的下场。”

齐景公听了，十分同情昭公。他对大夫晏子说：“如果帮助昭公回到自己的国家，他一定能吸取教训，成为一个贤明的君主。”

晏子摇摇头，说：“我认为不会这样。这就好比快要渴死了，才想到要去挖井取水一样，即使用最快的速度，也已经来不及了。”

科学连连看

井，是一种用来从地表下取水的装置。井里的水，是从地下来的。地下水本来深藏在地下，在岩石和土壤的空隙中流动，一旦人们深挖地面，凿出井来，就会引出地下水。这样的水通过土壤过滤，已经滤掉了大部分杂质。所以，井水十分干净、清凉，而且，不会轻易干涸。

自相矛盾

场景应用

dīng dīng yāo qǐng xiǎo péng you lái jiā li wán tā men zǒu hòu bà ba fā xiàn zì jǐ zuì xīn ài de huā píng suì le yú shì shēng qì de wèn dào shuí dǎ pò le huā píng dīng dīng dī zhe tóu xiǎo shēng shuō dāng dāng bà ba kàn zhe dīng dīng yán lì de zhuī wèn dào dǐ shì shéi dīng dīng bèi xià de liù shén wú zhǔ gǎn jǐn yòu shuō shì yú háng

丁丁邀请小朋友来家里玩。他们走后，爸爸发现自己最心爱的花瓶碎了，于是生气地问道：“谁打破了花瓶？”丁丁低着头，小声说：“当当。”爸爸看着丁丁，严厉地追问：“到底是谁？”丁丁被吓得六神无主，赶紧又说：“是于航！”

hng bà ba qì de huǒ mào sān zhàng nǐ gāng cái shuō shì dāng dāng xiàn zài yòu shuō shì yú háng jiǎn zhí jiù shì zì xiāng máo dùn

“哼！”爸爸气得火冒三丈，“你刚才说是当当，现在又说是于航，简直就是自相矛盾！”

透视镜

zì xiāng máo dùn cháng yòng lái bǐ yù yí gè rén shuō huà zuò shì qián hòu dǐ chù bù yí zhì yě zhǐ tóng huǒ jiān de hù xiāng zhēng chǎo huò chōng tū

自相矛盾常用来比喻一个人说话、做事前后抵触，不一致，也指同伙间的互相争吵或冲突。

成语接龙

kàn kan liè chē shang yǒu jǐ gè chéng yǔ dú yi dú zài hé xiǎo huǒ bàn bǐ yi bǐ kàn shéi jiē de duō

看看列车上有几个成语？读一读，再和小伙伴比一比，看谁接得多？

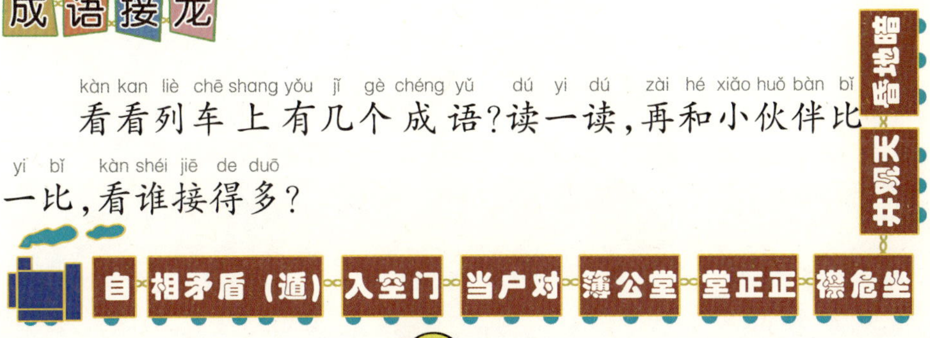

成语故事

cóng qián　zài chǔ guó de　jí　shì shang　yǒu gè mài bīng qì　de
从前，在楚国的集市上，有个卖兵器的
shāng rén zhèng zài yāo he　tā　jǔ　qǐ　zì　jǐ
商人正在吆喝。他举起自己
shǒu zhōng de dùn　dà shēng chuī shì dào　wǒ
手中的盾，大声吹嘘道：“我
zhè miàn dùn　shì shì jiè shang zuì jiān gù de
这面盾，是世界上最坚固的
dùn　bú lùn duō me fēng lì　de bīng qì　dōu
盾！不论多么锋利的兵器，都
méi yǒu bàn fǎ chuō chuān tā
没有办法戳穿它！”

dà jiā tīng le　méi yǒu shén me fǎn
大家听了，没有什么反
yìng
应。

zhè shí　shāng rén gǎn jǐn ná
这时，商人赶紧拿

qǐ páng biān de máo rāng rang zhe gè wèi gè wèi qǐng
起旁边的矛，嚷嚷着：“各位各位，请
kàn zhè bǎ máo tā kě shì shì jiè shang zuì fēng lì de
看这把矛！它可是世界上最锋利的
máo bú lùn nǐ yòng duō me jiān gù de dùn pái lái dǐ kàng
矛，不论你用多么坚固的盾牌来抵抗，
dōu huì bèi tā chuō chuān
都会被它戳穿！”

wéi guān de rén tīng le wú bú zé zé chēng qí
围观的人听了，无不啧啧称奇，
yǒu de rén hái tāo chu qián lái zhǔn bèi mǎi tā de máo hé
有的人还掏出钱来，准备买他的矛和
dùn
盾。

tū rán yí gè
突然，一个
shēng yīn zài rén qún zhōng
声音在人群中
xiǎng le qǐ lái nǐ
响了起来：“你

说，你的盾坚固无比，任何矛都戳不穿；你的矛锋利无双，任何盾都抵抗不了。那么，就用你的矛来戳一下你的盾，看看结果如何吧？”

话音未落，围观的人哄堂大笑起来。商人羞愧难当，脸涨得通红，半天都说不出一个字来，只好收拾他的矛和盾，灰溜溜地离开了集市。

科学连连看

矛，是古代的一种用于刺杀的兵器，它有着锋利的刀刃和长长的柄，使用的时候，武士双手握柄，然后以直刺或戳的方式战斗。盾，也是古代的一种兵器，它是一块宽宽的护甲，通常用金属、木头或皮革做成，使用时被人戴在手臂上，或用柄握在手中，用来阻挡敌人的刀剑或矛等武器。

矛和盾，一个是进攻性武器，一个是防御性武器，所起的作用刚好相反。在现代力学中，科学家认为，力总是成对出现的，其中，一个叫作用力，一个叫反作用力，它们总是大小相等，方向相反，而且作用在同一直线上。

土崩瓦解

场景应用

zhè tiān dāngdāng shàng xué chí dào le yú háng hào qí de wèn dīngdīng nǐ
这天，当当上学迟到了。于航好奇地问丁丁：“你
zhī dào dāngdāng zài nǎ ma dīngdīng yáo yao tóu bù zhī dào
知道当当在哪吗？”丁丁摇摇头：“不知道！”

yú háng bú xìn yí huò de wèn dào nǐ men liǎng gè bú shì hǎo péng you ma
于航不信，疑惑地问道：“你们两个不是好朋友吗？”

dīngdīng piě pie zuǐ shuō dào wǒ men chǎo le yí jià guān xì yǐ jīng tǔ bēng
丁丁撇撇嘴，说道：“我们吵了一架，关系已经土崩
wǎ jiě le
瓦解了！”

透视镜

wǎ jiě zhì wǎ shí xiān bǎ táo tǔ zhì chéng yuán tǒng xíng rán hòu fēn jiě
瓦解：制瓦时先把陶土制成圆筒形，然后分解，
jí chéng le wǎ piàn bǐ yù shì wù de fēn liè
即成了瓦片，比喻事物的分裂。

tǔ bēng wǎ jiě de yì si shì xiàng tǔ bēng tā wǎ pò suì yí yàng bù kě
土崩瓦解的意思是：像土崩塌、瓦破碎一样，不可
shōu shi bǐ yù chè dǐ kuǎ tái
收拾。比喻彻底垮台。

成语接龙

kàn kan liè chē shang yǒu jǐ gè chéng yǔ dú yi dú zài hé xiǎo huǒ bàn bǐ
看看列车上有几个成语？读一读，再和小伙伴比
yi bǐ kàn shéi jiē de duō
一比，看谁接得多？

成语故事

shāng zhòu wáng shì shāng cháo de zuì hòu yí gè huáng dì tā suī rán wǔ
商纣王是商朝的最后一个皇帝，他虽然武
lì guò rén fù yǒu cái gàn kě shì xìng qíng cán bào ér qiě xǐ
力过人，富有才干，可是性情残暴，而且喜
huan huā tiān jiǔ dì jīng cháng méi rì méi yè de hē
欢花天酒地，经常没日没夜地喝
jiǔ
酒。

hòu lái wèi le kuò chōng
后来，为了扩充

zì jǐ de lǐng tǔ
自己的领土，
zhòu wáng fā dòng le
纣王发动了
duì dōng yí de
对东夷的
zhàn zhēng zhè cháng zhàn
战争。这场战
zhēng duì guó lì de
争，对国力的
xiāo hào hěn dà ràng
消耗很大，让
lǎo bǎi xìng kǔ bù
老百姓苦不

kān yán bú guò zhòu wáng zì yǐ wéi kuò zhāng le jiāng tǔ gōng láo hěn dà
堪言。不过，纣王自以为扩张了疆土，功劳很大，
zǒng shì tīng bú jìn dà chén men de zhōng gào hái bǎ fǎn duì tā de chén mín dōu
总是听不进大臣们的忠告，还把反对他的臣民都
guān qi lai yòng cán kù de xíng fǎ duì fu tā men
关起来，用残酷的刑法对付他们。

dào le wǎn nián zhòu wáng wèi le zì jǐ xiǎng lè jìng rán zhēng yòng dà
到了晚年，纣王为了自己享乐，竟然征用大
liàng lǎo bǎi xìng xiū jiàn le háo huá de gōng diàn hé yuán lín tiān tiān zài jiǔ chí
量老百姓，修建了豪华的宫殿和园林，天天在酒池
ròu lín zhī jiān xiǎng lè shī qù le dà jiā de yōng dài
肉林之间享乐，失去了大家的拥戴。

zhè shí hou zhōu wǔ wáng lián hé qí tā bù zú dài zhe hào hào dàng dàng
这时候，周武王联合其他部族，带着浩浩荡荡
de jūn duì zuò zhe zhàn chē lái tǎo fá zhòu wáng zhòu wáng méi yǒu bàn fǎ
的军队，坐着战车，来讨伐纣王。纣王没有办法，
zhǐ hǎo lín shí zǔ zhī yì xiē qiú fàn zài mù yě zhè ge dì fang yǔ zhōu wǔ
只好临时组织一些囚犯，在牧野这个地方与周武
wáng de jūn duì zhǎn kāi jué zhàn shéi zhī zhè xiē qiú fàn gēn běn jiù bù xiǎng dǎ
王的军队展开决战。谁知，这些囚犯根本就不想打
zhàng tā men fēn fēn tóu xiáng hái bāng zhù zhōu wǔ wáng shā rù huáng gōng
仗，他们纷纷投降，还帮助周武王杀入皇宫。

zhòu wáng zhī dào dà shì yǐ qù biàn zì shā shēn wáng le cóng cǐ shāng
纣王知道大势已去，便自杀身亡了。从此，商
cháo jiù hǎo xiàng wǎ piàn yí yàng suì liè guó jiā yě suí zhī miè wáng
朝就好像瓦片一样碎裂，国家也随之灭亡。

科学连连看

gù shi zhōng de tǔ bēng wǎ jiě yùn hán le shēn kè de jiàn zhù xué
故事中的“土崩瓦解”，蕴含了深刻的建筑学

原理。

所谓土崩，说的是盖房子的技术。如果土块崩解，也就是地基毁坏了，那么房子就不会稳固，自然就倒塌了。

而瓦解，是讲早期的制瓦技术。从前，瓦还没有发明之前，大家盖房子用的是稻草屋顶，那种屋顶只要遇上下雨，就会漏水，严重影响居住质量。

后来，人们发现，只要先把陶土做成圆筒，然后一分为二，再用火烧，就可以得到瓦片。把瓦片一块块整齐地垒在屋顶上，既可以遮风挡雨，又十

fēn jiān gù nài yòng cóng cǐ wǎ piàn wū dǐng jiù chéng le zhōng guó gǔ dài jiàn
分坚固耐用，从此，瓦片屋顶就成了中国古代建
zhù wù de zhǔ liú
筑物的主流。

suǒ yǐ yòng tǔ bēng wǎ jiě lái bǐ yù shì wù de fēn liè shì shí
所以，用“土崩瓦解”来比喻事物的分裂，是十
fēn qià dàng de
分恰当的。

运筹帷幄

场景应用

xīn xué qī jī liè de bān gàn bù jìng xuǎn yòu kāi shǐ le dīng dīng zhè cì de
新学期，激烈的班干部竞选又开始了。丁丁这次的
mù biāo shì bān zhǎng tā zhǎo le hěn duō tóng xué zhī chí zì jǐ hái lā lǒng dāng dāng
目标是班长。她找了很多同学支持自己，还拉拢当当
shuō zhè huí nǐ yí dìng yào bāng wǒ ya
说：“这回，你一定要帮我呀！”

dāng dāng pāi pai xiōng pú zì xìn de xuān bù jiù píng wǒ de zhì huì yí
当当拍拍胸脯，自信地宣布：“就凭我的智慧，一
dìng kě yǐ bāng nǐ yùn chóu wéi wò yì jǔ dé shèng
定可以帮你运筹帷幄，一举得胜！”

透视镜

chóu jì móu móu huà wéi wò gǔ dài jūn zhōng zhàng mù
筹：计谋、谋划。帷幄：古代军中帐幕。

yùn chóu wéi wò de yì si shì zài jūn zhàng nèi nǐ dìng zuò zhàn cè lüè zhì
运筹帷幄的意思是：在军帐内拟定作战策略，制
dìng quán miàn jì huà cháng yǐn shēn wéi chóu huà zhǐ huī zhǐ zài hòu fāng jué dìng zuò
订全面计划。常引申为筹划、指挥，指在后方决定作
zhàn fāng àn yě fàn zhǐ zhǔ chí dà jì kǎo lǜ jué cè
战方案。也泛指主持大计，考虑决策。

成语接龙

kàn kan liè chē shang yǒu jǐ gè chéng yǔ dú yi dú zài hé xiǎo huǒ bàn bǐ
看看列车上有几个成语？读一读，再和小伙伴比
yi bǐ kàn shéi jiē de duō
一比，看谁接得多？

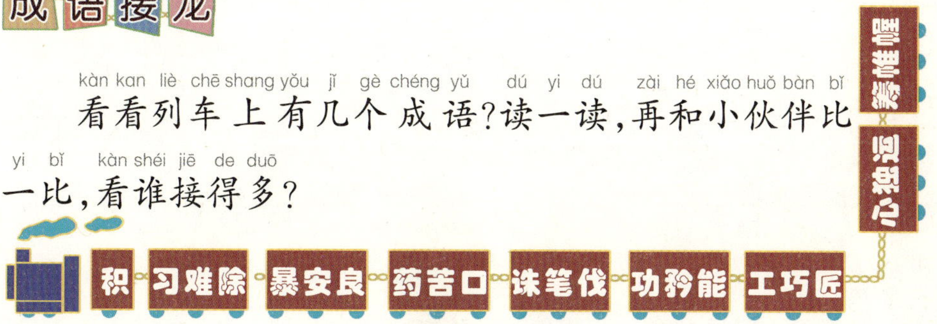

成语故事

liú bāng dǎ bài le xiàng
刘邦打败了项
yǔ chéng wéi hàn cháo de kāi guó huáng
羽，成为汉朝的开国皇
dì
帝。

jiàn guó hòu tā zài dū chéng luò
建国后，他在都城洛
yáng bǎi xià le lóng zhòng de jiǔ xí zhāo
阳摆下了隆重的酒席，招
dài céng jīng hé tā yì qǐ dǎ tiān xià de wén
待曾经和他一起打天下的文
wǔ bǎi guān zài jiǔ xí shang liú bāng
武百官。在酒席上，刘邦
tí chū yí gè wèn tí qǐng gè wèi
提出一个问题：“请各位
rú shí xiāng gào wèi shén me wǒ
如实相告，为什么我
néng gòu qǔ dé tiān xià ér xiàng
能够取得天下，而项

yǔ què shī qù le tiān xià ne
羽却失去了天下呢？”

yǒu rén mǎ shàng huí dá shuō yīn wèi xiàng yǔ tài gāo ào
有人马上回答说：“因为项羽太高傲，
dǎ le shèng zhàng jué de dōu shì zì jǐ de gōng láo bù xǐ huan jiǎng
打了胜仗觉得都是自己的功劳，不喜欢奖
lì bié rén kě shì bì xià wéi rén rén hòu dǎ le shèng zhàng hòu jiù
励别人。可是陛下为人仁厚，打了胜仗后，就
bǎ zhēng fú de dì fang hé zhàn lì pǐn fēn gěi dà jiā hé tiān xià rén
把征服的地方和战利品分给大家，和天下人
yì qǐ xiǎng shòu
一起享受。”

liú bāng tīng le yáo yao tóu shuō nǐ zhī zhī qí
刘邦听了摇摇头，说：“你只知其
yī bù zhī qí èr rú guǒ shuō dào zài jūn zhàng zhōng
一，不知其二。如果说到在军帐中
chū móu huà cè què kě yǐ jué shèng yú qiān
出谋划策，却可以决胜于千

lǐ zhī wài wǒ bǐ bú shàng zhāng liáng shuō dào zhèn shǒu guó jiā ān fǔ bǎi
里之外，我比不上张良；说到镇守国家，安抚百
xìng wǒ bǐ bú shàng xiāo hé shuō dào xíng jūn dǎ zhàng wǒ yòu bǐ bú shàng
姓，我比不上萧何；说到行军打仗，我又比不上
hán xìn zhè sān gè rén dōu shì rén zhōng háo jié yě shì wǒ néng gòu qǔ dé tiān
韩信。这三个人都是人中豪杰，也是我能够取得天
xià de yuán yīn ér xiàng yǔ ne tā suī rán yǒu yí wèi gāo míng de móu shì fàn
下的原因。而项羽呢，他虽然有一位高明的谋士范
zēng kě tā què bìng bú xìn rèn fàn zēng yīn cǐ xiàng yǔ cái bèi wǒ dǎ
增，可他却并不信任范增，因此，项羽才被我打
bài le
败了。”

dà jiā tīng le fēn fēn diǎn tóu chēng shì
大家听了，纷纷点头称是。

科学连连看

zài suàn pán fā míng zhī qián suàn chóu yì zhí shì wǒ guó gǔ dài zuì zhòng
在算盘发明之前，算筹一直是我国古代最重
yào de jì suàn gōng jù yùn chóu wéi wò li de chóu zhǐ de jiù shì
要的计算工具。“运筹帷幄”里的筹，指的就是
suàn chóu
算筹。

zài chūn qiū zhàn guó shí qī suàn chóu de yùn yòng yǐ jīng fēi cháng pǔ
在春秋战国时期，算筹的运用已经非常普
biàn jù shǐ shū jì zǎi tā shì yì gēn gēn cháng duǎn xiāng děng cū xì xiāng tóng
遍。据史书记载，它是一根根长短相等、粗细相同
de xiǎo gùn zi yì bān yòng zhú zi zuò chéng yǒu dà yuē 13 lí mǐ cháng
的小棍子，一般用竹子做成，有大约13厘米长，
0.3 lí mǐ cū rén men bǎ měi èr bǎi qī shí jǐ méi suàn chóu zuò wéi yí shù
0.3厘米粗。人们把每二百七十几枚算筹作为一束，
zhuāng zài yí gè bù dài li suí shēn xié dài xū yào jì suàn de shí hou jiù
装在一个布袋里随身携带，需要计算的时候，就
bǎ tā men qǔ chu lai fàng zài dì shang huò zhuō zi shang bǎi nòng
把它们取出来，放在地上或桌子上摆弄。

扬汤止沸

场景应用

yí dà zǎo dīng dīng jiù zài jiào shì li bèi dān cí dāng dāng còu guo qu wèn
一大早，丁丁就在教室里背单词。当当凑过去问：
zěn me zǒng kàn jiàn nǐ bèi dān cí ne dīng dīng tíng le tíng huí dá shuō wǒ de
“怎么总看见你背单词呢？”丁丁停了停，回答说：“我的
yīng yǔ chéng jì bù hǎo bù duō bèi dān cí zěn me xíng
英语成绩不好，不多背单词怎么行？”

dāng dāng yì tīng xiào le qǐ lái nǐ duì yīng yǔ gēn běn jiù méi yǒu xìng qù
当当一听，笑了起来：“你对英语根本就没有兴趣，
shàng kè de shí hou lǎo shì sān xīn èr yì guāng kào bèi bei dān cí bú guò shì yáng
上课的时候老是三心二意。光靠背背单词，不过是扬
tāng zhǐ fèi ér yǐ gēn běn bù néng zhēn zhèng jiě jué wèn tí
汤止沸而已，根本不能真正解决问题！”

透视镜

yáng tāng zhǐ fèi de yì si shì bǎ guō li kāi zhe de shuǐ yǎo qi lai zài dào
扬汤止沸的意思是：把锅里开着的水舀起来再倒
huí qu shǐ tā liáng xia lai bú fèi téng bǐ yù bàn fǎ bú chè dǐ bù néng cóng
回去，使它凉下来不沸腾。比喻办法不彻底，不能从
gēn běn shang jiě jué wèn tí
根本上解决问题。

成语接龙

kàn kan liè chē shang yǒu jǐ gè chéng yǔ dú yi dú zài hé xiǎo huǒ bàn bǐ
看看列车上有几个成语？读一读，再和小伙伴比
yi bǐ kàn shéi jiē de duō
一比，看谁接得多？

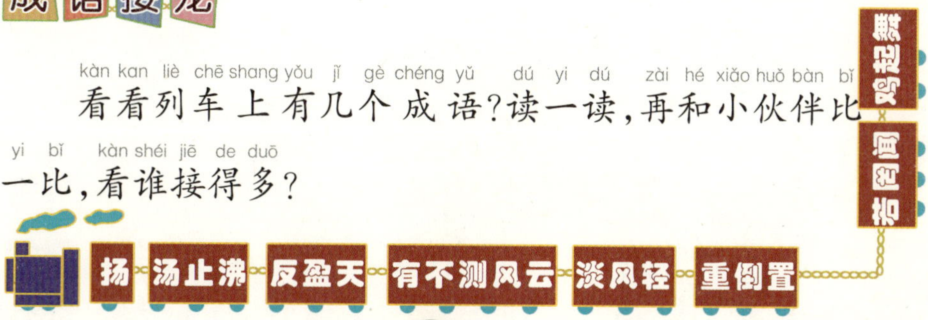

成语故事

sān guó shí qī wèi guó yǒu yí gè rén jiào liú yì tā shì cháng shā dìng
三国时期，魏国有一个人叫刘廙。他是长沙定
wáng liú fā de ér zi yīn wèi móu lüè guò rén fù yǒu cái xué suǒ yǐ hěn
王刘发的儿子，因为谋略过人，富有才学，所以很
shòu zhǔ gōng cáo cāo de qì zhòng
受主公曹操的器重。

dāng shí cáo cāo shǒu xià de guān yuán wèi fěng xiǎng yào zào fǎn tā jí
当时，曹操手下的官员魏讽想要造反，他集
hé le yì huǒ rén gòng tóng cè huà zhè jiàn shì qing qí zhōng jiù yǒu liú
合了一伙人，共同策划这件事情。其中，就有刘
yì de dì di liú wěi liú yì zhī dào hòu xià chū le yì shēn lěng hàn
廙的弟弟刘伟。刘廙知道后，吓出了一身冷汗。

他苦口婆心地劝说刘伟："你们阴谋袭击主公，可是满门抄斩的大罪呀！我劝你，尽快和魏讽这伙人断绝来往！"

刘伟听了，非常不以为然。他一意孤行，要和魏讽一起叛变。不料，事情还没准备好，曹操就已经发现了，并下令把这伙人全部处死。

按照当时的法律，刘廙受到弟弟刘伟的牵

连，应当全家抄斩。可是，曹操十分爱惜人才，他说：“刘廙的为人我很了解，他和弟弟刘伟不同，对我忠心耿耿，所以，刘廙可以特别宽恕，免去责罚。”

刘廙获得赦免后，对曹操感激不尽。为此，他专门给曹操写了一封书信。信中有这样一段话：“我的罪，按例应当灭绝祖宗和家族，可是万分庆幸，承蒙主公‘扬汤止沸’，救了我和全家人的命。主公的大恩大德，我永远也报答不了。今后，我必将竭尽所能，拼死为您效劳才是！”

科学连连看

大家都见过烧开水。水烧开以后，大量的气泡在水中上升，还涌出很多热气，这种现象，叫作沸腾。沸腾，就是指在一定的温度下，在液体表面和内部同时发生的剧烈的汽化现象。

不同的液体，沸腾时需要的温度不一样，这个温度就叫沸点。在一个标准大气压下，水的沸点是100℃。水达到沸点后，就会沸腾。这时，水还能继续从外界吸收热量，可是，它的温度却保持不变。

这时，如果把滚烫的开水舀起来，再浇下去，会导致开水与空气的接触面积变大，开水表面的空气流动变快，所以，舀出来的水蒸发加快，由于蒸发时需要吸热，水的温

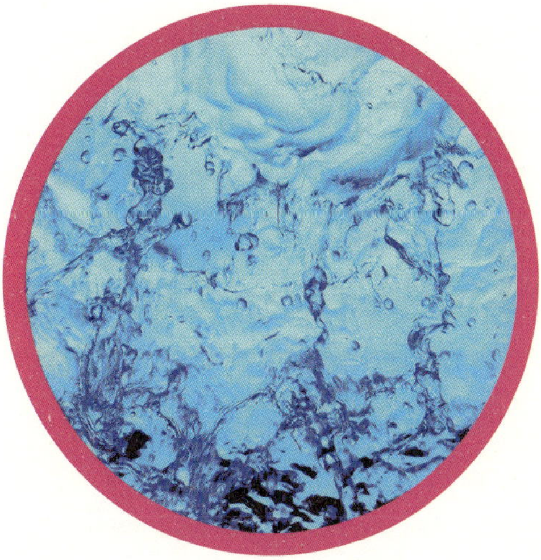

度就会降低，等到再倒回锅里去时，整锅开水的温度会暂时低于100 ℃，于是停止沸腾。可是，由于锅子下面一直在加热，所以，过不了多久，水又会重新沸腾起来。

因此，扬汤止沸是非常不明智的做法。

凿壁偷光

场景应用

yì tiān wǎn shang xiǎo qū tíng diàn le dīng dīng gěi dāng dāng dǎ diàn huà gāo xìng
一天晚上，小区停电了。丁丁给当当打电话，高兴
de shuō wǒ men jiā tíng diàn le jīn tiān wǎn shang zuò bù chéng zuò yè lou
地说：“我们家停电了，今天晚上，做不成作业喽！”

nà nǐ kě yǐ xué kuāng héng záo bì tōu guāng nga dāng dāng huí dá
“那你可以学匡衡凿壁偷光啊！”当当回答。

dīng dīng qì hū hū de huí dào zhěng gè xiǎo qū dōu tíng diàn le wǒ qù nǎ
丁丁气呼呼地回道：“整个小区都停电了，我去哪
lǐ tōu guāng nga
里偷光啊！”

透视镜

záo bì zài qiáng shang dǎ dòng
凿壁：在墙上打洞。

záo bì tōu guāng de yì si shì xī hàn de kuāng héng záo chuān qiáng bì yǐn
凿壁偷光的意思是：西汉的匡衡凿穿墙壁，引
lín jū jiā de zhú guāng lái dú shū hòu yòng lái xíng róng jiā jìng pín hán ér dú shū
邻居家的烛光来读书。后用来形容家境贫寒而读书
kè kǔ
刻苦。

成语接龙

kàn kan liè chē shang yǒu jǐ gè chéng yǔ dú yi dú zài hé xiǎo huǒ bàn bǐ
看看列车上有几个成语？读一读，再和小伙伴比
yi bǐ kàn shéi jiē de duō
一比，看谁接得多？

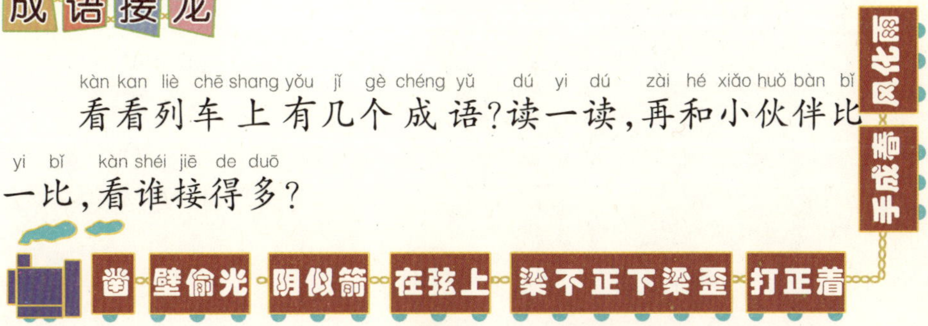

成语故事

西汉的时候，有个穷苦的孩子，叫匡衡。他十分勤奋好学，但家里却没有钱供他读书，所以，只能借别人的书来看。

不过，那时候的书非常珍贵，匡衡总是借不到书。于是，他就去给有钱的人家干活，不要工钱，只要能看书就行。匡衡白天在地里干活，中午休息的时候，就抓紧时间读书。可白天的时间有限，常常过了十来天，他连一卷书还没看完呢！

匡衡心里十分着急，他想：“要是晚上的时间也能用来读书，那该多好哇！”

kě shì
可是，
jiā li shí zài tài
家里实在太
qióng mǎi bù
穷，买不
qǐ dēng
起灯
yóu
油，
wǎn shang gēn
晚上，根
běn jiù méi yǒu
本就没有
tiáo jiàn dú
条件读
shū kuāng héng
书。匡衡
zhǐ néng zài hēi
只能在黑

àn zhōng bèi sòng bái tiān kàn guò de shū běn yǒu yì tiān kuāng héng bèi zhe bèi
暗中，背诵白天看过的书本。有一天，匡衡背着背
zhe tū rán fā xiàn qiáng bì shang yǒu yì diǎnr liàng guāng tā hào qí de zǒu
着，突然发现墙壁上有一点儿亮光。他好奇地走
guò qù yí kàn yuán lái shì qiáng bì pò le yì diǎnr ràng lín jū jiā de
过去一看，原来，是墙壁破了一点儿，让邻居家的
dēng guāng tòu le guò lái
灯光透了过来。

kuāng héng yì pāi nǎo mén gāo xìng de hǎn qi lai wǒ xiǎng dào bàn
匡衡一拍脑门，高兴地喊起来："我想到办
fǎ le
法了！"

tā lì kè zhǎo lái gōng jù zài qiáng bì pò diào de dì fang záo le yí
他立刻找来工具，在墙壁破掉的地方凿了一
gè xiǎo dòng zhè yàng tòu guo lai de guāng jiù gèng duō le jiè zhe zhè wēi ruò
个小洞，这样，透过来的光就更多了。借着这微弱
de liàng guāng tā rú jī sì kě de dú qǐ shū lai
的亮光，他如饥似渴地读起书来。

jīng guò cháng nián lěi yuè de kǔ dú kuāng héng zhōng yú chéng wéi yí gè
经过长年累月的苦读，匡衡终于成为一个
hěn yǒu xué wèn de rén
很有学问的人。

科学连连看

wèi shén me kuāng héng zài qiáng bì shang záo kāi yí gè xiǎo kǒng jiù kě
为什么匡衡在墙壁上凿开一个小孔，就可
yǐ tōu dào lín jū jiā de liàng guāng ne
以"偷"到邻居家的亮光呢？

zhè shì yīn wèi guāng zài tóng zhǒng jūn yún de jiè zhì zhōng shì yán zhí
这是因为，光在同种均匀的介质中，是沿直

xiàn chuán bō de ér kōng qì jiù shì yì zhǒng jūn yún de jiè zhì lì yòng zhè
线传播的。而空气，就是一种均匀的介质。利用这
yì diǎn rén men kě yǐ jiě shì hěn duō guāng xué wèn tí qí zhōng zuì diǎn xíng
一点，人们可以解释很多光学问题，其中，最典型
de jiù shì xiǎo kǒng chéng xiàng
的就是小孔成像。

yì jiān hēi àn de xiǎo wū li zài qiáng shang záo kāi yí gè xiǎo kǒng
一间黑暗的小屋里，在墙上凿开一个小孔，
jiù xiàng gù shi zhōng de kuāng héng suǒ zuò de yí yàng zhè shí rú guǒ yǒu gè
就像故事中的匡衡所做的一样。这时，如果有个
rén duì zhe xiǎo kǒng zhàn zài wū wài nà me zài wū li xiāng duì de qiáng shang
人对着小孔站在屋外，那么，在屋里相对的墙上，
jiù huì chū xiàn yí gè dào lì de rén yǐng
就会出现一个倒立的人影。

zhè shì wèi shén me ne
这是为什么呢？

zài zhōng guó gǔ dài mò jiā
在中国古代，墨家
xué pài jiù céng jīng yán jiū guò
学派就曾经研究过
zhè zhǒng xiàn xiàng yīn wèi
这种现象。因为，
guāng xiàn chuān guò xiǎo kǒng shí
光线穿过小孔时，
jiù hǎo xiàng shè jiàn yí yàng shì
就好像射箭一样，是
zhí xiàn qián jìn de zhè shí rén de tóu
直线前进的。这时，人的头
zhē zhù le shàng miàn de guāng xiàn yú shì tóu de chéng yǐng zài xià biān rén de
遮住了上面的光线，于是头的成影在下边；人的
jiǎo zhē zhù le xià miàn de guāng xiàn yú shì jiǎo de chéng yǐng zài shàng biān zhè
脚遮住了下面的光线，于是脚的成影在上边，这
yàng yì lái jiù xíng chéng le dào lì de rén yǐng
样一来，就形成了倒立的人影。

suǒ yǐ shuō záo bì tōu guāng de kuāng héng bù jǐn jǐn kàn dào le
所以说，“凿壁偷光”的匡衡，不仅仅看到了
shū ér qiě hái zài wú yì zhōng zuò le yí gè xiǎo kǒng chéng xiàng de shí
书，而且还在无意中，做了一个“小孔成像”的实
yàn ne
验呢！

风烛残年

场景应用

guò nián de shí hou　bà ba mā ma dài zhe dāng dāng qù kàn wàng wài pó　quán
过年的时候，爸爸妈妈带着当当去看望外婆。全
jiā rén yí lù shang fēng chén pú pú　dǎo le hǎo jǐ tàng chē　cái dào le xiāng xia de
家人一路上风尘仆仆，倒了好几趟车，才到了乡下的
wài pó jiā
外婆家。

yí jìn mén　mā ma kàn jiàn wài pó zhǔ zhe guǎi zhàng　pán shān zǒu lái de yàng
一进门，妈妈看见外婆拄着拐杖，蹒跚走来的样
zi　bù yóu de kū le　tā huí guò tóu　duì dāng dāng shuō　nǐ de wài pó yǐ jīng
子，不由得哭了。她回过头，对当当说：“你的外婆已经
shì fēng zhú cán nián de rén le　zán men yì yǒu kòng　jiù yào duō lái kàn kan tā
是风烛残年的人了，咱们一有空，就要多来看看她！”

透视镜

fēng zhú　bèi fēng chuī de là zhú　róng yì xī miè
风烛：被风吹的蜡烛，容易熄灭。

cán nián　cán yú de suì yuè　zhǐ zài shì bú huì tài jiǔ
残年：残余的岁月，指在世不会太久。

fēng zhú cán nián cháng yòng lái bǐ yù rén dào le jiē jìn sǐ wáng de wǎn nián
风烛残年常用来比喻人到了接近死亡的晚年。

成语接龙

kàn kan liè chē shang yǒu jǐ gè chéng yǔ　dú yi dú　zài hé xiǎo huǒ bàn bǐ
看看列车上有几个成语？读一读，再和小伙伴比
yi bǐ　kàn shéi jiē de duō
一比，看谁接得多？

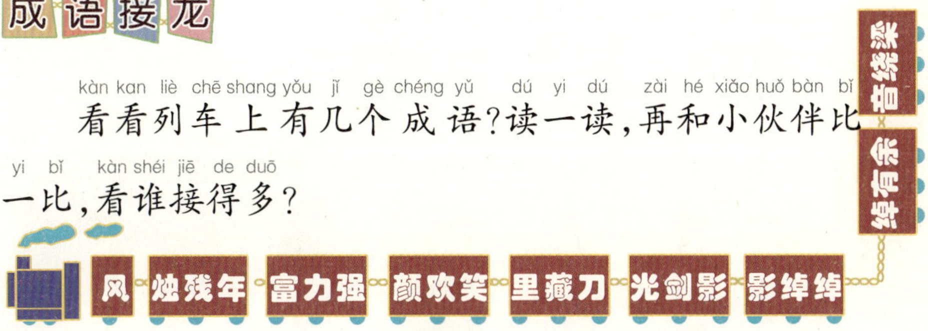

成语故事

yuán cháo de shí hou yǒu yí gè jiào liú yīn de
元朝的时候，有一个叫刘因的

rén tā cóng xiǎo jiù shí fēn cōng míng ér qiě kěn
人。他从小就十分聪明，而且肯

xià gōng fu dú shū kě xī tā de fù qīn
下功夫读书，可惜，他的父亲

hěn zǎo jiù qù shì le shèng xià
很早就去世了，剩下

mǔ qīn yí gè rén xīn xīn
母亲一个人，辛辛

kǔ kǔ de bǎ tā yǎng dà
苦苦地把他养大。

liú yīn hěn dǒng shì
刘因很懂事，

zǒng shì qiǎng zhe bāng mǔ qīn gàn huó ér qiě hái bǐ yǐ qián
总是抢着帮母亲干活，而且，还比以前
gèng jiā yòng gōng de dú shū zhǎng dà hòu tā bù gū fù mǔ
更加用功地读书。长大后，他不辜负母
qīn de qī wàng chéng wéi zhù míng de dà xué wèn jiā
亲的期望，成为著名的大学问家。

cháo tíng kàn zhòng liú yīn de cái huá biàn ràng tā qù zuò
朝廷看重刘因的才华，便让他去做
guān kě shì liú yīn dāng guān hòu bìng méi yǒu xiǎng zhe shēng
官。可是，刘因当官后，并没有想着升
guān fā cái ér shì yì yǒu kòng jiù
官发财，而是一有空就
wǎng jiā pǎo qù péi bàn jiàn jiàn
往家跑，去陪伴渐渐
shuāi lǎo de mǔ qīn
衰老的母亲。

hòu lái liú yīn de mǔ qīn shēng bìng le shēn biān méi yǒu rén zhào liào
后来，刘因的母亲生病了，身边没有人照料。
liú yīn kàn dào mǔ qīn yí gè rén tǎng zài bìng chuáng shang mǎn liǎn zhòu wén miàn
刘因看到母亲一个人躺在病床上，满脸皱纹、面
sè cāng bái de yàng zi bù yóu dé lèi liú mǎn miàn tā jǐn jǐn wò zhe mǔ qīn
色苍白的样子，不由得泪流满面。他紧紧握着母亲
kū shòu de shǒu shuō wǒ bú zuò guān le yǐ hòu jiù zài jiā li jìn xīn
枯瘦的手，说：“我不做官了！以后，就在家里尽心
de shì fèng nín
地侍奉您！”

guǒ zhēn liú yīn cí qù le guān zhí zhuān xīn zài jiā zhào gù mǔ qīn
果真，刘因辞去了官职，专心在家照顾母亲。
lín jū men jiàn le dōu wèn tā cháo tíng ràng nǐ qù xiǎng shòu róng huá fù guì
邻居们见了，都问他：“朝廷让你去享受荣华富贵，
nǐ wèi shén me bú qù ya
你为什么不去呀？”

liú yīn yáo yao tóu wǒ de lǎo mǔ qīn yǐ jīng yǒu 90 suì le jiù
刘因摇摇头：“我的老母亲已经有90岁了，就
xiàng fēng zhōng de cán zhú yí yàng suí shí dōu kě néng xī miè wǒ zěn me rěn
像风中的残烛一样，随时都可能熄灭。我怎么忍
xīn diū xià tā yí gè rén zì jǐ qù xiǎng shòu róng huá fù guì ne
心丢下她一个人，自己去享受荣华富贵呢？”

dà jiā tīng le fēn fēn shù qǐ dà mǔ zhǐ kuā liú yīn shì yí gè xiào
大家听了，纷纷竖起大拇指，夸刘因是一个孝
shùn de hǎo ér zi
顺的好儿子。

科学连连看

gǔ shí hou hěn duō rén dōu yòng là zhú lái zhào míng là zhú shì yòng shí
古时候，很多人都用蜡烛来照明。蜡烛是用石

蜡做成的，石蜡是一种可燃物，本身就可以燃烧。不过，因为石蜡的着火点比熔点高，所以，蜡烛必须利用一根棉质的烛芯作为导火线，才能提供足够的热量把蜡融化，然后，融化的蜡油被烛芯吸上来，继续被上面的火加热熔化，发生汽化过程，于是持续不断地点燃，从而形成循环。

点燃以后，蜡烛会越烧越短，看上去好像在不断减少。可实际上，烧掉的蜡烛并没有消失，只是与空气中的氧气发生反应，变成了水和二氧化碳。

而这时候，如果吹来很大的风，风就会冷却周围的空气，阻止蜡烛的燃烧，让它慢慢熄灭。所谓的“风中残烛”说的就是这个意思。

齐天大圣
也不知道的
小秘密
赠
日记本
雅典娜
阿里巴巴
齐天大圣
也不知道的小秘密 纪念版
精美彩色日记本

雅典娜
也不知道的
小秘密
赠
日记本
雅典娜
阿里巴巴
齐天大圣
也不知道的小秘密 纪念版
精美彩色日记本

阿里巴巴
也不知道的
小秘密
赠
日记本
雅典娜
阿里巴巴
齐天大圣
也不知道的小秘密 纪念版
精美彩色日记本

Father and Son
父与子全集
赠
日记本
Father and Son
父与子全集

《好玩的数学博客》（全新修订版）1~6年级

这是一套集文学性、知识性、趣味性于一身的国内原创精品！

数学作为学生的重要学习科目之一，给很多学生带来了困惑，很多孩子不喜欢学习数学。在培养学生对数学的学习兴趣方面一直有很大的市场需求，市场上的数学类图书品种繁多，但真正能为孩子喜欢的图书很少，大多数图书不能做到寓教于乐，让孩子从心里喜欢阅读，喜欢学习数学。但本套书以其独特的内容和形式，达到了寓教于乐这一目的。

这套书的数学故事都来源于小学生自己的日常生活和学习，在阅读的时候，让他们感觉不到是在学习，但却实实在在地学到了知识，在不知不觉中培养学习兴趣，让小学生感觉学习数学也没有那么困难。

另外，这套书的形式独特，以流行的博客形式来诠释数学，本身就是一种大胆而创新的尝试，本身就是吸引孩子们阅读的一个亮点。无论是在国内还是国外，这种体裁的数学趣味校园故事都属首创！

这套书对于渴求知识、又对身边的世界充满好奇的小学生来说，绝对是最珍贵的礼物！它不仅给孩子们带来了很多快乐，让孩子们学会了一种轻松幽默的生活态度，而且让孩子们从中学到了很多数学知识，感受到数学的魅力，从而不怕数学、爱上数学。

《好玩的数学博客》

（全新修订版）1~6年级

精彩插画展示